세상에서 가장 혁신적인 영어문법 특급비밀!

2시간 영문법

세상에서 가장 혁신적인 영어문법 특급비밀!

2시간 영문법

박지은 지음

단어만 알면 해석·영작·스피킹이 되는 문법!

안녕하세요? 책을 통해서 여러분을 만나게 되어 정말 반갑습니다! 저는 '어떻게 해야 가장 효율적으로 영어를 잘할 수 있을까?'를 연구하는 [알파와 오메가]의 영어 전문 훈련 트레이너 박지은입니다.

영어 문법, 꼭 알아야 할까?

한때, 영어 공부에는 '문법은 필요 없고, 중요하지 않다!'고 주장하는 영어 학습법이 유행했었습니다. 하지만 십수 년이 지난 현재, 그 결과는 어떻게 되었을까요? 다시, 영어 문법의 중요성이 강조되고 있는 것이 요즘 영어교육의 현실입니다.

문법을 모르고 영어 공부를 하는 것은 음악 이론을 모르고 – 예를 들어 기본적인 악보를 볼 줄 모르고 – 피아노 연습을 하는 것과 같습니다. 즉, 그만큼 영어를 익히는 데 문법 공부는 기초적인 토대이고 영어 훈련에서 중요한 효율적인 도구입니다.

하지만, 시중에서 유행하고 있는 문법이론으로는 영어 훈련을 하기에 한계가 있습니다. 오히려 더 방해가 되는 요소들도 많습니다.

기존 영문법의 오류

문법은 영어 훈련의 탄탄한 토대가 되어야 합니다. 문법을 공부한 효과는 실제 영어 습득 훈련에 그대로 적용하여 비약적인 영어 실력 향상을 이루는 것입니다. 이것이 문법공부의 본질적인 이유이자 궁극적인 목표입니다. '아는 문법'이 아니라 '할 수 있는' 문법이 진짜 문법입니다.

문장의 5형식, 동사개념, 보어개념, 현재완료용법, 분사, 분사구문, to부정사, be to용법, 가정법의 법칙, 의문사 what과 관계대명사 what, 접속사 that과 관계대명사 that, 12시제 등의 복잡한 기존의 문법 이론은 영어 습득 훈련에 전혀 도움이 되지 않습니다. 오히려 방해가 될 수도 있습니다.

저는 성문영문법, 맨투맨 영문법에서부터 현존하는 시중의 유명하거나 유명하지 않은 영문법 도서 대부분을 연구를 위해 다 공부해 보았지만, 실질적으로 써먹을 수 있는 '제대로 된 올바른 문법책 한 권'을 발견하지 못했습니다.

📢 영어 습득 훈련을 위한 새로운 문법!

그래서 제가 그 '제대로 된 올바른 문법책 한 권'을 쓰기로 결심했습니다. 10년 이상 수많은 시행착오를 거쳐서 문법 연구를 했고, 수십 권의 교재를 만들면서 영어 습득을 위한 직관적이고 본질적인 문법을 깨달았습니다. 그리고 2020년 가을 와디즈 펀딩 프로그램에서 전자책을 통해 처음 공개했고, 많은 서포터즈님들의 응원에 힘입어 책으로 출간하게 되었습니다. 물론, 스스로 꾸준한 훈련을 해야만 영어실력은 늘어날 수 있습니다.

지금 이 글을 읽고 계시다면 분명 기존 문법과는 다른 현실적이고 혁신적인 영어 문법을 원하시겠죠? 저는 이미 문법을 많이 공부하셨던 분들도 이 책을 읽고 나면 문법에 대한 개념이 달라질 거라고 확신합니다.

[2시간 영문법]은 2시간만 투자하면 영어를 잘하기 위해서 이론적으로 이해해야 할 것은 끝낼 수 있도록 구성했습니다. 핵심을 관통하는 올바른 영문법을 튼튼한 토대로 바로 훈련을 시작하시면 됩니다!

📢 단 2시간이면 끝내는 영문법

[2시간 영문법]은 가장 적은 시간으로 정말 본질을 꿰뚫는, 직관적이고 바로 써먹을 수 있는 영문법으로만 구성했습니다. 영어 훈련을 통해서 자연스럽게 알 수 있는 군더더기들은 제외하고 핵심 구조와 실전적인 설명을 담았습니다. 핵심적인 내용으로 책을 구성하고 집필하다 보니 오히려 더 많은 시간과 노력이 필요했습니다.

이제 유명하다는 수많은 문법책들과 관련 영상들을 수십, 수백 시간을 들여가며 찾아보고 공부하며 귀한 시간을 낭비하지 않아도 됩니다. 제가 여러분의 시간을 아껴드리겠습니다. 단 2시간에 누구라도 영어를 당장 시작할 수 있는 1권의 영문법 책입니다!

아래 중 하나라도 ⊘에 해당되시는 분께 이 책을 적극 추천합니다!

⊘ 'be/been/have+pp/have been pp/have been ing/be to/분사/
to부정사/12시제 등등' 영어 단어의 원리를 이해하지 못하는 분들

⊘ 영어 문장을 5형식으로만 알고 훈련에 어려움을 느끼시는 분들

⊘ 영어공부를 시작하고 싶은데,
어디에서부터 시작해야 할지 모르시는 분들

⊘ 듣기/읽기/쓰기/말하기에 필요한 현실적이고 직관적인 문법을
알고 싶으신 분들

⊘ 영어 단어와 표현은 공부할 자신이 있는데,
문법은 엄두가 안 나시는 분들

⊘ 문법을 많이 공부해 봤지만 전체적으로 전혀 정리가 안 되어서
문법은 포기하셨던 분들

⊘ 우리 아이들에게 어려운 문법까지도 쉽게 가르치고자 하는 부모님들

⊘ 학생들에게 문법을 정말 쉽고 직관적으로 가르치고자 하는 선생님들

⊘ 학교, 학원에서 배우는 문법이 어려운 중고등학생분들

💬 명심해야 할 영어 공부 방법 !

영어 실력은 훈련을 통해서만 얻을 수 있습니다! 이 책은 듣기/읽기/쓰기/말하기 훈련을 위한 탄탄한 토대이자 강력한 부스터 역할을 합니다.

영어 단어와 문장의 원리를 이해하신 후 훈련을 하지 않으시면, 문법은 지식으로만 남게 되고, 영어 실력은 절대 늘지 않습니다. 언어는 '아는 것'이 아닙니다. '할 수 있는 것'입니다.

이 책을 통해 영어 원리의 본질을 이해한 후, 바로 훈련에 들어가십시오! 이제 단어만 알면 듣기/읽기/쓰기/말하기 훈련은 바로 시작할 수 있습니다!

알파와 오메가 대표
박지은

[영어 문법 특급 비밀] 와디즈 [Wadiz] 펀딩에 응원해 주신 서포터즈님들의 리뷰입니다.

[최***] 지금까지 봤던 문법책은 잊어버려라. 이 책이 영문법의 혁명이 될 것이다라는 게 이 책을 보고 느낀 결론입니다. 그동안 문법책을 보면서 지금까지 머릿속으로 정리하고 외웠지만 왜 이렇게 금방 다시 원점으로 돌아올까? 볼 때는 이해했지만 확연히 내 것으로 이해하고 체득 완료한 적이 없었어요. 하지만 이 책은 일목요연하고 깔끔하게 핵심만을 짚어주고 직관적으로 이해할 수 있습니다. 중학생이 되는 딸에게도 보여주고 서로 함께 공부할 수 있는 훌륭한 교재가 되리라 생각합니다. 이런 좋은 양질의 책을 만들어주셔서 감사합니다.

[두**] 구매하길 잘한 책. 요즘에 책을 사면 허황되고 거품이 잔뜩 낀 책들이 많아서 번번이 실패하는 경우가 종종 있는데 이 책은 딱 핵심만 응축시켜 놓은 그런 책입니다. 거두절미하고 너희 이 자료 원했지? 자 봐! 하는 책이에요.

[익*****] 현장에서 항상 영어를 사용하는 입장에서 다시 한번 개념을 정리하고 이해하는 데 도움이 되었습니다. 만드신 분의 고민과 열정이 고스란히 녹아 있는 책이라고 생각합니다. 감사합니다.

[이**] 복잡한 내용 빼고 중요한 내용만 이해 잘 되게 써 있네요. 이 책 한 권만 봐도 문법 전체를 알 수 있을 것 같아요. 물론 내 것으로 만드는 연습은 필요하겠지만요 ㅎㅎ 책 내용은 훌륭합니다. 덕분에 잘 보겠습니다!

[삼 **] 많은 나이에 영어 공부를 1년 전부터 시작했어요. 문법은 귀찮고 어렵고 회화 몇 마디 하는 데 문법이 필요하지 않을 것 같아 공부 시작할 생각도 안했어요. 어제 파일을 받고 읽어보니 이해하기 쉽게 요점 정리가 잘 되어 있네요. 탁월한 선택을 했다고 스스로 칭찬합니다. 고맙습니다.

[익 *****] 중학생 딸과 제가 보려고 펀딩에 참여했습니다. 방대한 문법에 대해 정리의 뼈대를 주시려고 애쓰신 것 같네요. 여러 번 보면서 스스로 정리해야 될 것 같습니다. 이런 공부 관련 펀딩도 재밌는 것 같네요. 이후에도 소통의 길이 있으면 좋을 것 같습니다. 수고하세요 〜!

[익******] 공부 잘하는 학생의 비법 노트를 받은 듯한 깔끔하고 군더더기 없는 정리가 맘에 들어요! 이제 매일 습관처럼 한 장씩이라도 공부해 볼 생각이에요. 그리고 전자책에 익숙하진 않지만 좋은 펀딩 아이디어 같네요.

[익****] 간만에 다시 영어 연습을 하기 위해 고민할 때, 와디즈에서 이 책 펀딩이 있어서 신청했습니다. (메이커님께서) 참 영어 문법에 대해 정리하는데 고민이 많으셨겠다 싶고요. 영어 회화로 바로 가기 전에 문법을 정리하는 것으로 좋은 내용이라고 생각합니다 문법 용어보다는 의미 이해를 중점적으로 강조한 것에 만족합니다. 앞으로도 더 좋은 내용으로 발전하시기 바랍니다.

[김**] 영포자였던 저는 항상 영문법 책 앞 몇 페이지만 보다 끝냈는데, 이 자료는 쉽게 이해가 잘 되어 이제 다시 영어 공부하는 저에게 도움이 되겠네요. 몇 개월 후 영어 실력이 향상된 나 자신을 상상해 봅니다. ^^

목차

머리말

STEP 1. 단어 이해하기 · 13

Chapter 1. 필수 단어 · 15
  1. 명사 | 무엇 , 어느 것, 누구
  2. 형용사 | 어떤, 무슨, 어느, 누구의
  3. 동사 | '〜다"라고 말해주는 단어
  4. 부사 | 언제, 어디에서, 어떻게, 얼마나, 왜

Chapter 2. 변형 단어 · 29
  1. 'ing' | 동사를 변형시키는 단어
  2. 'ed' | 동사를 변형시키는 단어

Chapter 3. 연결 단어 · 35
  1. 전치사 | 명사를 연결해주는 단어
  2. 'to' | 동사를 연결해주는 단어
  3. 접속사 | 문장을 연결해주는 단어

Chapter 4. 단어 보충하는 법 · 41
  1. 단어 보충하기 | 연결/변형시켜서 단어를 보충해주기

Chapter 5. 동사로 만드는 법 · 45
  1. 동사로 만들기 | 동사가 아닌 것을 동사로 만드는 법

STEP 2. 문장 이해하기 · 53

Chapter 6. 문장의 원리 | 영어 문장의 기본 원리 · 55

Chapter 7. 기본문장 | 주어(는) +서술(다) +(대상(을/를)) · 57

Chapter 8. 문장 보충하는 법 · 63
1. 기본문장+단어보충 | 대상의 상태

2. 기본문장+연결보충 | to/전치사/접속사

3. 기본문장+변형보충 | 동사ing/동사ed

Chapter 9. 질문하는 법 · 77
1. 질문하기 | ~니?

Chapter 10. 의문사로 문장 연결하는 법 · 85
1. 의문사로 문장 연결하기 | 문장으로 표현해야 하는 말

Chapter 11. 가정하기의 원리 · 93
1. 가(짜)정하기 | '사실은 그렇지 않은데 ~면'

Chapter 12. 기타 문장 · 99
1. 기타 문장 | ~해라, ~하자, 대박, ~있다

⊘ 연습문제 · 103

⊘ 추가참고자료 · 143

STEP 1
단어 이해하기

영어 문장의 법(영문법)을 처음 공부할 때는 가장 먼저 단어의 유형부터 알아야 한다.
꼭 알아야 할 영어 단어의 유형은 크게 총 3가지이고, 세부적으로는 총 9가지다.

STEP 1에서는 단어의 유형을 알아보고, 각 단어의 유형들을 어떻게 현실적으로 사용하고
활용해야 하는지 알아볼 것이다.

단어들의 속성을 제대로 이해하고 변형하고 연결해서 단어를 보충해 주고, 단어를 동사로
만들면서 자유자재로 사용할 수 있다면, 문장 만들기는 금방 할 수 있다.

STEP 1을 읽기 전과 읽고 난 후의 당신은 분명 영어에 대한 개념이 새로워져 있을 것이다.
STEP 1을 넉넉히 1시간을 잡고 정독해 보길 바란다.

문법 용어는 하나도 몰라도 된다. 이 글만 잘 정독하면 된다.
실질적이고 현실적으로 꼭 알아야 할 것들을 위주로 다루었기 때문에
하나도 놓치지 말자.

Chapter 1
필수 단어

❶ 명사 | 무엇, 어느 것, 누구

[1] 명사는 이름을 붙여 무엇, 어느 것, 누구를 말하는 단어다.

ex) 영희(Yeong-Hui), 책(books), 고구마(sweet potatoes), 사랑(love), 희망(hope),
빨강(red), 공기(air)
⇨ 보이든 보이지 않든 무언(누군)가의 이름이면 무조건 다 명사

[2] 명사가 개수를 말할 수 있으면 절대 그냥 쓰면 안 된다.

(1) 하나일 때 : 반드시 앞에 'a(어/에이)'를 붙인다.
책 - book(×) / a book(○)

(2) 여럿일 때 : 반드시 뒤에 's'를 붙인다.
사과 3개 - three apple(×) / three apples(○)

명사 뒤에 's' 붙이는 법	예
대부분 's'를 붙여 'ㅅ/ㅈ/ㅊ'로 발음	a pencil - pencils
's, sh, ch, x' ('ㅅ'소리)로 끝나면, 'es'를 붙여 '씨~ㅈ'로 발음	a bus - buss(×) buses(○)
'o'로 끝나면, 'es'를 붙여 '오/어~ㅈ'로 발음	a tomato - tomatos(×) tomatoes(○)
'f/fe'로 끝나면, 'f/fe'를 'v'로 고치고 'es'를 붙여 'ㅂㅅ'로 발음	a leaf - leafs(×) leaves(○)
자음+y로 끝나면, 'y'를 'i'로 고치고 'es'를 붙여, '이~ㅈ'로 발음	a story - storys(×) stories(○)

주의 a toy - toys(○) toies(×) - <u>모음+y는 그냥 's' 붙인다는 거!</u>
(토이~ㅈ) (토이이~ㅈ ×)

[3] 명사가 개수를 말할 수 없으면 그냥 쓴다.

빵 - bread(○) / a bread(×) / breads(○)

'빵', 셀 수 있지 않나요? 손톱만한 빵 조각도 빵이고, 얼굴만한 빵도 빵이다. 그래서 빵 한 조각, 빵 한 덩이 이런 식으로 표현을 해야 상대방에게 내가 먹은 빵의 양을 잘 전달할 수 있다. 즉, 빵을 세는 것이 아니라, 조각과 덩이를 세는 것이다. 이렇게 셀 수 있는 명사와 셀 수 없는 명사는 대부분 상식적으로 생각해보면 된다.

[4] 정해진 '그' 명사를 말할 때는 'the(더)'를 명사 앞에 붙인다.

· a book : (세상에 존재하는 그냥 아무 하나의) 책
· books : (세상에 존재하는 그냥 아무 여러 권의) 책들
· the book : (다른 책 말고 정해져 있는 하나의 바로) 그 책
· the books : (다른 책 말고 정해져 있는 여러 권의 바로) 그 책들
· money : 그냥 돈
· the money : 다른 돈 말고, 그 돈

[5] 명사의 시작 발음이 모음이면 'a' 대신 'an(언)'을 말한다.

모음은 'a, e, i, o, u'(아, 에, 이, 오, 우)다.
주의해야 할 점은 명사의 시작 스펠링이 아니라 **명사의 시작 발음**이 그 기준이다.

· **an apple**   ·**an MP3**   · **an hour**
  (언애플-어내플)   **(언엠피쓰리-어냄피쓰리)**   **(언아우어-어나우어)**

'a apple(어애플)'을 빠른 속도로 발음해보라. 왜 'an apple(언애플-어내플)'이라고 하는지 이해될 것이다.

[6] 명사의 시작 발음이 모음이면 'the'는 '디'라고 발음한다.

· the apple(디애플)
· the MP3(디엠피쓰리)
· the hour(디아우어)

'더애플'을 빠른 속도로 발음해보라. 왜 '디애플'이라고 하는지 이해가 갈 것이다.
참고로, 때때로 강조하는 느낌을 줄 때 'the'를 '디'라고 발음하기도 한다.

[7] 명사를 대신할 때는 대명사를 쓴다.

(1) 내가 포함된 것 - 1인칭

하나	I 내가	me 나를	my 나의	mine 나의 것	myself 나 자신
여럿	we 우리가	us 우리를	our 우리의	ours 우리의 것	ourselves 우리 자신

(2) 네가 포함된 것 - 2인칭

하나	you 네가	you 너를	your 너의	yours 너의 것	yourself 너 자신
여럿	you 너희가	you 너희를	your 너희의	yours 너희의 것	yourselves 너희 자신

(3) 1, 2인칭을 제외한 나머지 - 3인칭

하나	he 그가	him 그를	his 그의	his 그의 것	himself 그 자신
	she 그녀가	her 그녀를	her 그녀의	hers 그녀의 것	herself 그녀 자신
	it 그것이	it 그것을	its 그것의	–	itself 그것 자체
여럿	they 그들이	them 그들을	their 그들의	theirs 그들의 것	themselves 그들 자신
	they 그것들이	them 그것들을	their 그것들의	–	themselves 그것들 자체

[8] 궁금한 명사는 what, which, who로 표현한다.
(궁금한 단어를 의문사라 한다)

궁금한 사람 아닌 명사		궁금한 사람
what 무엇	which 어느 것	who 누구

what과 which의 다른 점은 <u>which</u>는 제한이 있는 경우에 쓴다는 것이다.
'what'은 (제한 없이) '무엇'을 의미하고, 'which'는 (이 중에서) '어느 것'을 의미한다.

❷ 형용사 | 어떤, 무슨, 어느, 누구의

[1] 형용사는 어떤, 무슨, 어느, 누구의를 말해주는 단어다.

ex) 예쁜(pretty), 행복한(happy), 맛있는(delicious), 그녀의(her), 이(this), 저(that)

[2] 영어의 형용사는 한국어로는 주로 '-ㄴ'로 끝난다.

(사실 한국어로 어떻게 된다는 것은 중요하지 않다. 다만 이해를 돕기 위해 적었을 뿐이다.)

[3] 형용사 단어는 명사 앞에서 말한다.

· easy **English** (쉬운 **영어**)
· handsome **David** (잘생긴 **데이비드**)

[4] 개수는 항상 맨 앞에 말한다.

· a small book (작은 책 하나)
· two delicious apples (맛있는 사과 두 개)

[5] 궁금한 형용사는 how, what, which, whose 로 표현한다.
(의문사라 한다)

궁금한 상태	궁금한 사물의		궁금한 사람의
how 어떤	what 무슨	which 어느	whose 누구의

❸ 동사 | '-다'라고 말해주는 단어

[1] 동사는 '-다'라고 말해주는 모든 단어이다.

ex) 사랑하다(love), 먹다(eat), 공부하다(study), 살다(live)

[2] 주어가 너와 나 아닌 '하나'일 때, 동사 뒤에 's'를 붙여 말한다.

주어가 대화에 참여하고 있지 않는 '한 개/명(3인칭 단수)'일 때는, 덜 확실하기 때문에 서술할 때 발음을 새서(흐려서) 말하는 습관이 있다. (동사 뒤에 's'를 붙여서 발음을 새면(흐리면) 덜 확실한 느낌을 준다.)

* 영어는 정보의 확실성이 한국어보다 훨씬 중요하다. 그래서 너(너희)와 나(우리)에 대한 정보, 대화에 있지 않더라도 여러 사람(사물)에 대한 정보를 말할 때에는 보다 확실성을 가지고 말할 수 있는 반면, 대화에 있지 않는 1명/개에 대한 정보는 확실성이 조금 떨어진 느낌을 받기 때문에 좀 덜 확실한 느낌을 주도록 발음을 새서(흐려서) 말하는 경향이 있었고, 이것이 규칙이 된 것이다.

동사 뒤에 's' 붙이는 법	예
대부분 's'를 붙여 'ㅅ/ㅈ/ㅊ'로 발음	I see - He sees (씨~ㅈ) I eat - She eats (잇ㅊ)
's, sh, ch, x' ('ㅅ'소리) 로 끝나면, 'es'를 붙여 '씨~ㅈ'로 발음	I kiss - He kisses (키씨~ㅈ) I fix -She fixes (픽씨~ㅈ)
'o'로 끝나면, 'es'를 붙여 '오/어~ㅈ'로 발음	I go - He goes (고우~ㅈ) I do - She does (더어~ㅈ)
'자음+y'로 끝나면, 'y'를 'i'로 고치고 'es'를 붙여, '이~ㅈ'로 발음	I study - He studies (ㅅ터디이~ㅈ) I cry - She cries (ㅋ롸이~ㅈ)

| have는 haves가 아니라 has(해ㅈ) | I have - He has (해ㅈ) |

주의 play - plays(o) plaies(x) - 모음+y는 그냥 's' 붙인다는 거!
(플레이~ㅈ) (플레이이~ㅈ x)

[3] 동사를 과거로 표현할 때는 동사 뒤에 'ed'를 붙여 말한다.

과거에 일어난 일을 말할 때는 확실하기 때문에 주어에 상관없이 무조건 'ed'를 붙인다.

동사 뒤에 'ed' 붙이는 법	예
대부분 'ed'를 붙여 'ㄷ/ㅌ'로 발음	walk(걷는다) - walked(걸었다) (워ㅋㅌ)
'e'로 끝나면, 'd'만 붙여 'ㄷ/ㅌ'로 발음	like(좋아한다) - liked(좋아했다) (라잌ㅌ)
'자음+y'로 끝나면, 'y'를 'i'로 고치고 'ed'를 붙여, '이~ㄷ'로 발음	study(공부한다) - studied(공부했다) (스터디이~ㄷ)
'모음1+자음1'로 끝나면, '자음ed'를 붙여 '~ㄷ/ㅌ'로 발음	stop(멈춘다) - stopped(멈췄다) (스탑~ㅌ) plan(계획한다) - planned(계획했다) (플랜~ㄷ)

주의 stay - stayed(o) staied(x) - 모음+y는 그냥 'ed' 붙인다는 거!!
(스테이~ㄷ) (스테이이~ㄷ x)

[3-1] 과거를 말할 때, 'e(d)'가 아닌 조금 변형된 단어로 표현하기도 한다.

일반적으로 동사에 'ㄷ/ㅌ'만 붙여 말하면 과거표현이 된다. (규칙)
하지만 동사에 따라서 불규칙적으로 과거를 표현하기도 한다.
do(하다) - did(했다 doed X) / go(가다) - went(갔다 goed X) / see(보다) - saw(봤다 seed X)
다 seed X)
꼭 알아야 할 동사의 불규칙적인 과거표현은 추가 참고자료를 통해 알 수 있다.

[4] 특수 동사 1 'be' : 존재한다

'be'는 '존재한다'라는 의미의 동사로, 단독으로 잘 쓰지 않고, 어떤 상태로 존재한다고 말할 때 쓴다. '-상태다'라고 이해하면 된다. '동사로 만들기' 편에서 중요한 역할을 한다.

주어에 따라 3가지로 바뀌는 'be'	예
주어가 'I' 일 때 - am	I am : 나는 존재한다.
주어가 'you' 나 '여럿' 일 때 - are	You/We/They are : 너(희)는/우리/그(것)들은 존재한다.
주어가 '하나' 일 때 - is	He/She/It is : 그/그녀/그것은 존재한다. God is : 신은 존재한다

I / We / You / They do not like. : **나는/우리는/너(희)는/그(것)들은** 좋아하지 않는다.
He / She / It does not like. : **그는/그녀는/그것은** 좋아하지 않는다. (likes로 쓰지 않는 점 주의)

[5] 특수 동사 2 'have' : (한/했던 상태를) 가지고 있다
(일반동사 have와 다르다)

'have'가 특수 동사의 역할을 할 때에는 특히 '(과거에 한/했던 상태를) 가지고 있다' 라는 의미를 가진다. 단독으로 쓰지 않고, 과거에 한 상태를 가지고 있다는 의미로 말할 때 쓴다. '-한 상태다'라고 이해하면 된다. '동사로 만들기' 편에서 중요한 역할 을 한다.

[6] 특수 동사 3 '조동사' : 동사에 어감을 추가

조동사는 '~수 있다/~해야 한다/~할 것이다/~해도 된다/~할지도 모른다 등등' 단독 으로 쓰지 않고 동사 앞에 붙여 써서 동사의 어감을 추가해주는 단어다.

조동사의 특징	예
조동사 + 동사 (조동사는 동사 앞에 써야 한다.)	먹는다 eat - 먹을 수 있다 can eat(○) eat can(×)
조동사 + 동사원형 (동사원형을 써야 한다.)	공부한다 study - 공부할 것이다 will study(○) will studies(×)
조동사 + 조동사 (×) 대신, 조동사의 의미를 가진 다른 동 사를 쓴다	먹는다 eat - 먹을 것이다 will eat 먹을 수 있을 것이다 - will be able to eat(○) will can eat(×)

[7] 특수 동사를 부정할 때는 뒤에 'not'을 붙인다.

· **be(am/is/are)** not : 존재하지 않는다
· **have** not : (과거상태를) 가지고 있지 않다 (일반동사 have와 다르다)
· **will** not : ~하지 않을 것이다

[8] 일반 동사를 부정할 때는 앞에 'do(does/did) not'을 붙인다.

· **do(es) not** like : 좋아하지 않는다 (주어가 너/나 아닌 '하나'일 때, 동사에 '(e)s' 붙
　　　　　이는 점 주의)
· **did not** like : 좋아하지 않았다 (동사의 과거는 주어에 상관없이 무조건 똑같이 말
　　　　　하는 점 기억)

참고 여기에서 'do(es), did'는 조동사다.

④ 부사 | 언제, 어디에서, 어떻게, 얼마나, 왜

[1] 부사는 언제, 어디에서, 어떻게, 얼마나, 왜를 말해주는 단어다.

ex) 어제(yesterday), 행복하게(happily), 많이(much), 빨리(fast)

[2] 부사는 보통 형용사 앞, 동사 뒤, 부사 앞에서 말한다.

형용사 앞 big 큰 - very big (매우 큰)
동사 뒤 live 산다 - live happily (행복하게 산다)
부사 앞 much 많이 - very much (아주 많이)

[3] 부사는 문장 맨 앞이나 문장 맨 뒤에서 말하기도 한다.

· **Yesterday** I ate pizza. 어제 나는 피자를 먹었어.
· I ate pizza **yesterday**. 어제 나는 피자를 먹었어.

[4] 궁금한 부사는 where, when, how, why로 표현한다.
    (의문사라 한다)

궁금한 장소	궁금한 시점	궁금한 방법	궁금한 정도	궁금한 이유
where	when	how	how 형/부	why
어디에서	언제	어떻게	얼마나 형/부	왜

Chapter 2
변형 단어

❶ 'ing' | 동사를 변형시키는 단어

[1] 'ing'는 동사 뒤에 붙어서 동사를 변형시키는 단어다.

동사 뒤에 'ing' 붙이는 법	예
대부분 'ing'를 붙여 '잉'으로 발음	걷다 walk - walking
'e'로 끝나면, 'e'를 없애고 'ing'를 붙여 '잉'으로 발음	만들다 make - making
'단모음(강세)+단자음'로 끝나면, '자음ing'를 붙여 '잉'으로 발음	멈추다 stop - stopping 계획하다 plan - planning

> 주의 강세가 '단모음'에 없다면 **그냥 'ing'**를 붙인다. listen(i 강세) - listening
> *단모(자)음 = 모(자)음 1개

[2] '동사ing'는 동사 자체, 일시적으로 동사하는 느낌이다.

동사	동사ing	
love	loving	loving
사랑하다	동사 자체 (**명사**)	일시적으로 동사하는 (**형용사**)
	사랑하기, 사랑한다는 것	사랑하는, 사랑하고 있는

· 즐긴다 enjoy + 공부하는 행동 자체 studying (동사 study → 동사자체 명사 studying)
  enjoy **study**ing **공부하는** 걸 즐긴다

· 봤다 너를 saw you + 춤추고 있는 dancing (동사 dance → 일시적으로 동사하는
  형용사 dancing)
  saw you **danc**ing 네가 **춤추고 있는** 걸 봤다

· 소녀 a girl + 노래하고 있는 singing (동사 sing → 일시적으로 동사하는 형용사 singing)

　a girl **singing**(= a singing girl) <u>노래하고 있는</u> 소녀 ('singing'을 형용사단어처럼 쓸 수 있다)

[3] 동사ing가 아니라고 말하고 싶으면, 앞에 'not'을 붙인다.

· **not** study**ing** (동사자체)공부하**지 않기** / (일시적)공부하(고 있)**지 않는**
· **not** danc**ing** (동사자체)춤추**지 않기** / (일시적)춤추(고 있)**지 않는**

[4] 동사ing가 명사로 쓰이면 동명사, 형용사로 쓰이면 현재분사라 한다.

문법 용어가 중요한 것이 아니다. '동사ing'의 의미와 쓰임을 아는 것이 중요하다.
그저 기존의 문법용어가 어려웠던 분들을 위해 적었을 뿐이다.
기존의 '분사'라는 말이 어려웠던 분들은 '동형용사'로 이해하길 바란다.

2 'ed' | 동사를 변형시키는 단어

[1] 'ed'는 동사 뒤에 붙어서 동사를 변형시키는 단어다.

동사에 'ed'를 붙이는 규칙은 '동사'편(p.9), 불규칙은 '추가 참고자료'에서 확인할 수 있다.

[2] '동사ed'는 한/했던, 당하는 느낌이다.

동사	동사ed	
love	loved	loved
사랑하다	한/했던 (**형용사**)	당하는 (**형용사**)
	사랑한, 사랑했던	사랑 받는

· 원한다 너를 want you + 사랑 받는 loved (동사 love → 당하는 형용사 loved)

  want you **loved** 네가 **사랑 받기**를 원한다 (사랑 받으면 좋겠다)

· 낙엽들 leaves 떨어진 fallen (동사 fall → 한/했던 형용사 fallen)

  leaves **fallen** (=fallen leaves) **떨어진** 낙엽들 ('fallen'을 형용사단어처럼 쓸 수 있다)

[3] 동사ed가 아니라고 말하고 싶으면, 앞에 'not'을 붙인다.

· not loved (한/했던)사랑하지 **않았던** / (당하는)사랑 **받지 않는**

[4] 동사ed를 과거분사라 한다.

문법 용어가 중요한 것이 아니다. '동사ed'의 의미와 쓰임을 아는 것이 중요하다.
그저 기존의 문법용어가 어려웠던 분들을 위해 적었을 뿐이다. (분사 = 동형용사)

Chapter 3

연결 단어

❶ 전치사 | 명사를 연결해주는 단어

[1] 전치사는 <mark>명사를 연결해주는</mark> 단어다.

(방)안, (그녀)옆, (학교)쪽, (책상)위, (나무)아래 등등

[2] <mark>명사 앞에</mark> 쓴다고 해서 전치사라고 한다. (앞 <mark>전</mark>/둘 <mark>치</mark>)

한국어는 명사 뒤(후치사)에 쓰지만 영어는 명사 앞에 쓴다.

· 그 방 안 - in the room

[3] <mark>대명사를</mark> 쓸 때는 <mark>반드시 '을/를'</mark>에 해당하는 대명사만 쓸 수 있다.

나를	우리를	너를	너희들을	그를	그녀를	그것을	그들을	그것들을
me	us	you	you	him	her	It	them	them

· 내 안 - in I (×) → in me(○)
· 그녀 옆 - next to she(×) → next to her(○)
· 그 쪽 - to he (×) → to him(○)
· 우리 주위 - around we (×) → around us(○)

[4] 각 전치사의 이미지와 개념을 알아야 한다. (한국어로 표현 불가)

영어의 전치사와 똑 같은 의미의 단어는 **한국어에 존재하지 않는다.**
그렇기 때문에, 전치사가 가지고 있는 **진정한 의미를 이미지와 개념으로** 느껴야 한다.
필수 전치사들의 정확한 개념은 '추가 참고자료'에서 확인할 수 있다.

[5] 명사를 연결하는 기본 전치사는 'of'다.

추가적(더 구체적)인 설명으로 명사를 단순 연결할 때에는 'of'를 쓴다.
'**of**'의 이미지는 '**부모와 자식**'이다. 부모와 자식의 느낌으로 연결한다.

· 한 컵 **a cup** → (구체, 어떤 컵인지?) 물 **water** (명사)
  a cup of **water** 물 한 컵

· 한 개 **one** → (구체, 어떤 한 개인지?) 내 책들 **my books** (명사)
  one of **my books** 내 책들 중 한 권

❷ 'to' | 동사를 연결해주는 단어

[1] 'to'는 방향성을 가지고 동사를 연결해주는 단어다.

먹다 → 먹을, 먹기 위해서, 먹다니, 먹어서 등등 (한국어 표현은 중요하지 않다. 이해를 위해서만 보자!)

[2] 'to'는 동사 앞에 쓴다.

한국어는 동사 뒤에 쓰지만 영어는 동사 앞에 쓴다.

· 먹기 위해서 - to eat

[3] to의 이미지는 방향성을 나타내는 '→'의 느낌이다.

'to 동사'는 방향성이 앞, 동사 쪽이라는 느낌이다.
'앞으로, 동사 쪽'을 나타내기 때문에 미래, 목적, 아직 하지 않은 느낌을 준다.

· 원한다 want →(방향, 뭘 원하는지?) 공부하다 study (→ 동사 study)
  want to study 공부하길 원한다(공부하고 싶다)

· 원한다 want 너를 you →(방향, 네가 뭐 하는지?) 공부하다 study (→ 동사 study)
  want you to study 네가 공부하기를 원한다

· 책 a book →(방향, 무슨 책인지?) 읽다 read (→ 동사 read)
  a book to read 읽을 책

[4] to 동사가 아니라고 말하고 싶으면, 앞에 'not'을 붙인다.

· want you **not to** <u>study</u> 네가 <u>공부하</u>지 않기를 원한다
· a book **not to** <u>read</u> 읽지 않을 책

[5] 'to 동사'를 'to 부정사'라 한다.
     (부정: 한국어로 해석되는 뜻을 정할 수 없음)

문법 용어는 전혀 중요하지 않다. to로 동사를 연결해서 쓸 수 있는 것이 중요하다.
그저 기존의 문법용어가 어려웠던 분들을 위해 적었을 뿐이다.

❸ 접속사 | 문장을 연결해주는 단어

[1] 접속사는 문장을 연결해주는 단어다.

(내가 배고프다)는 것, (내가 배고플)때, (내가 배고프)면, (내가 배고프)니까 등등

[2] 접속사는 문장 앞에 쓴다.

한국어는 문장 뒤에 쓰지만 영어는 문장 앞에 쓴다.
내가 배고플 때 - when I am hungry

[3] 접속사는 기본 필수 단어로 반드시 알아야 한다.

꼭 알아야 할 필수 접속사들은 '추가 참고자료'에서 확인할 수 있다.

[4] 문장을 연결하는 기본 접속사는 'that'이다.

추가적(더 구체적)인 설명으로 문장을 단순 연결할 때에는 'that'를 쓴다.
that의 이미지는 '☞'다. 문장을 가리키는 느낌을 준다.

· 생각한다 think ☞(가리킴, 뭘 생각하는지?) 그녀가 예쁘다 she is pretty (☞ 문장)
  think that she is pretty 그녀가 예쁘다고 생각한다

· 내 친구 my friend ☞(가리킴, 어떤 내 친구인지?) 내가 어제 만났다 I met yesterday
  (☞ 문장)
  my friend that I met yesterday 내가 어제 만난 내 친구

Chapter 4

단어 보충하는 법

❶ 단어보충하기 | 연결/변형시켜서 단어를 보충해주기

[1] 명사연결은 전치사, 동사연결은 'to', 문장연결은 접속사로 한다.

전치사+명사 / to+동사 / 접속사+문장

[1-1] 명사에 연결해서 단어를 보충해줄 수 있다.

명사	+ 명사	+ 동사	+ 문장
a book	of **the library**	to **read**	that **I like**
책	+ 그 도서관	+ 읽다	+ 내가 좋아한다

· a book of the library = 그 도서관의 책 (한국어로 자연스럽게 표현하면 된다)

· a book to read = 읽을 책
  참고 'to'는 '앞으로'의 느낌으로 '미래/목표/아직x'의 느낌을 준다.

· a book that I like = 내가 좋아하는 책
  참고 'that'은 '가리키는' 느낌을 준다.

[1-2] 형용사에 연결해서 단어를 보충해줄 수 있다.

형용사	+ 명사	+ 동사	+ 문장
happy	with **him**	to **meet**	that **I can help**
행복한	+(함께) 그	+ 만나다	+ 내가 도울 수 있다

· happy with him = 그와 함께 행복한(한국어로 자연스럽게 표현하면 된다)

· happy to meet = 만나서 행복한
· happy that I can help = 내가 도울 수 있어서 행복한

[1-3] 동사에 연결해서 단어를 보충해줄 수 있다.

동사 + **명사**	동사 + **동사**	동사 + **문장**
study **at home**	want **to eat**	think **that I like her**
공부한다 +(지점) **집**	원한다 + **먹다**	생각한다 + **내가 그녀를 좋아한다**

· study at home = 집에서 공부한다 (한국어로 자연스럽게 표현하면 된다)
· want to eat = 먹기를 원한다
· think that I like her = 내가 그녀를 좋아한다고 생각한다

[2] 동사변형은 'ing'와 'ed'로 한다. - 동사ing / 동사ed

[2-1] 명사/형용사/동사에 동사를 변형해서 단어를 보충해줄 수 있다.

단어	동사ing	동사ed
명사 Emma 엠마	**eat**ing 먹고 있는 at home +(지점) 집	**lov**ed 사랑 받는 by him +(영향력) 그
형용사 happy 행복한		
동사 study 공부하다		

· Emma eating at home = 집에서 먹고 있는 엠마 (한국어로 자연스럽게 표현하면 된다)
· happy eating at home = 집에서 먹으면서 행복한
· study eating at home = 집에서 먹으면서 공부한다
· Emma loved by him = 그에게 사랑 받는 엠마 (한국어로 자연스럽게 표현하면 된다)
· happy loved by him = 그에게 사랑 받아서 행복한
· study loved by him = 그에게 사랑 받는 상태에서 공부한다

Chapter 5

동사로 만드는 법

❶ 동사로 만들기 | 동사가 아닌 것을 동사로 만드는 법

[1] 특수동사 1 'be'를 사용하여 동사로 만들 수 있다.

'be'는 '존재하다'라는 의미의 동사로, **단독으로 잘 쓰지 않고**, 어떤 상태로 존재한다고 말할 때 쓴다. '-상태다'라고 이해하면 된다.

따라서, 동사가 아닌 것을 덧붙여 말하면 동사처럼 된다.

즉, 동사가 아닌 것(동사×)을 동사로 말하고 싶으면 'be(존재하다)'를 앞에 말하기만 하면 된다. be+동사×를 하나의 동사로 생각하자.

동사×	be+동사X = 동사
a doctor 의사	be a doctor 의사다
happy 행복한	be happy 행복하다
making 만들고 있는	be making 만들고 있다
made 만들어 지는	be made 만들어 진다
at home (지점) 집	be at home 집에 있다
to study →(미래/목표) 공부하다 (공부할)	be to study 공부할 거다, 공부해야 한다 등

TIP 시중의 문법책에는 '**be + 동사ing**'를 현재 진행형, '**be + 동사ed**'를 수동태, 'be + to 동사'를 be to 용법이라고 배운다. 하지만 **단어를 변형하는 법**만 깨우치면, 'be happy'나 'be making'이나 'be made'나 'be to study'나 모두 같은 원리라는 것을 알 수 있다. (문법 용어 전혀 중요하지 않다)

즉, 원어민들이 느끼는 'be'는 **동사가 아닌 것을 동사로 말할 때** 쓰는 느낌이다!

[2] '동사'에 '형용사'를 붙여서 동사로 만들 수 있다.

형용사에 'be'를 붙여서 단지 '-다'로 말하는 것 외에도, 다른 의미의 동사를 더해서
말하고 싶으면 **그 동사**를 말하고 **형용사**를 말하면 된다.
동사+형용사를 **하나의** 동사로 생각하자.

동사✕	be+동사X = 동사
happy 행복한	feel happy 느낀다 + 행복한 = 행복하게 느낀다
cute 귀여운	look cute 보인다 + 귀여운 = 귀여워 보인다
sad 슬픈	sound sad 들린다 + 슬픈 = 슬프게 들린다
sweet 달콤한	smell sweet 냄새가 나다 + 달콤한 = 달콤한 냄새가 난다
bitter 쓴	taste bitter 맛이 나다 + 쓴 = 쓴 맛이 난다
pretty 예쁜	become pretty 되다 + 예쁜 = 예뻐진다 **참고** become은 명사와도 함께 쓸 수 있다. become a doctor 의사가 되다
healthy 건강한	stay healthy 머무르다 + 건강한 = 여전히 건강하다

[3] 특수동사 2 'have'를 사용하여 동사로 만들 수 있다.

'(과거)한 상태'의 형용사(과거ed)를 동사로 만들려면 'have(가지고 있다)'를 먼저 말한다.

'have'는 '(과거에 한/했던 상태를) 가지고 있다'라는 의미를 가진다. **단독으로 쓰지 않고**, 과거에 한 상태를 가지고 있다는 의미로 말할 때 쓴다.

'have'뒤에 '과거 상태'가 오면 '가지고 있다 + 과거'의 의미로 이해하면 된다.

즉, '-(과거)한 상태다'라고 이해하자. have+과거상태를 **하나의 동사**로 생각하자.

(한국어로 정확한 표현은 없다)

동사	과거상태	have + 과거상태 = 동사	자연스럽게 한국어로 표현
finish 끝내다	**finished** 끝낸	**have finished** 가지고 있다 끝낸	끝낸 상태를 가지고 있다 = (방금) 끝냈다
live 살다	**lived** 산	**have lived** 가지고 있다 산	산 상태를 가지고 있다 = (계속) 살아왔다
see 보다	**seen** 본	**have seen** 가지고 있다 본	본 상태를 가지고 있다 = 본 적이 있다
go 가다	**gone** 간	**have gone** 가지고 있다 간	간 상태를 가지고 있다 = 가버렸다
be a doctor 의사다	**been a doctor** 의사였던	**have been a doctor** 가지고 있다 의사였던	의사였던 상태를 가지고 있다 = (전부터) 계속 의사였다
be happy 행복하다	**been happy** 행복했던	**have been happy** 가지고 있다 행복했던	행복했던 상태를 가지고 있다 = (전부터) 계속 행복했다
be making 만들고 있다	**been making** 만들고 있었던	**have been making** 가지고 있다 만들고 있었던	만들고 있었던 상태를 가지고 있다 = (전부터) 계속 만들고 있었다
be finished 끝내지다	**been finished** 끝내진	**have been finished** 가지고 있다 끝내진	끝내진 상태를 가지고 있다 = (방금) 끝내졌다
be at home 집에 있다	**been at home** 집에 있었던	**have been at home** 가지고 있다 집에 있었던	집에 있었던 상태를 가지고 있다 = (전부터) 계속 집에 있었다

[3-1] '과거'와 'have + 과거'는 전혀 다른 느낌이다.

'과거'는 동사가 '과거'다. 과거를 말하는 것이다.
'과거의 어느 한 시점에 해당 동사를 했었다'고 '과거에 했던(그랬던) 사실만'을 전달한다.

'have + 과거'는 동사가 'have의 시점'이다. have가 현재면 현재, 과거면 과거를 말하는 것이다. 'have + 과거'의 조합으로 그 전에(과거)에 동사를 했었고 + have의 시점에도 그 상태를 가지고 있다는 것이다.

'lost my dog'은 '과거에 내 강아지를 잃어버렸다'는 사실(만)을 전달한다.
'have lost my dog'는 '과거에 내 강아지를 잃어버렸고, have의 시점에 그 과거 상태(잃어버린)를 가지고 있다'는 의미를 전달한다.

'나 강아지 잃어버렸어. 어떡하지?'의 느낌을 주는 것은 당연히 'have lost my dog'이다.
'lost my dog'라고 말하면, 현재의 상태랑 아무 상관없는 과거의 사실만 전달할 뿐이다!

[3-2] 'have + 과거'는 동사를 붙일 때, 과거동사의 역할을 할 수 있다.

1) 조동사 + 과거동사
조동사 뒤에는 동사의 원래 모양(원형)을 써야 한다. **과거형을 쓸 수 없다.**
조동사 뒤에 **과거동사를 말하고 싶으면**, 'have + 과거'를 쓰면 된다!

조동사 + 동사	의미	조동사 + 과거동사	의미
should finish	끝내야 한다	**should** have finished	끝낸 상태를 가지고 있어야 한다 = **끝냈었어야** 한다
will be closed	닫힐 것이다	**will** have been closed	닫힌 상태를 가지고 있을 것이다 = **닫혔을** 것이다

참고 다양한 조동사는 추가 참고자료를 통해 알 수 있다.

2) to+과거동사
to 뒤에는 동사의 원래 모양(원형)을 써야 한다. **과거형을 쓸 수 없다.**
to 뒤에 **과거동사를 말하고 싶으면**, 'have + 과거'를 쓰면 된다!

to + 동사	to + 과거동사
seem **to be sick**	seem **to have been sick**
보인다 + 아프다	보인다 + 아팠었던 상태를 가지고 있다
아픈 것처럼 보인다	아팠던 상태를 가지고 있는 것처럼 보인다 = **아팠었던** 것처럼 보인다

3) 과거동사ing

ing는 동사의 원래 모양(원형)에만 붙일 수 있다. **과거형에 붙일 수 없다.**

ing를 **과거동사에 붙이고 싶으면**, 'have + 과거'를 쓰면 된다!

동사ing	의미	과거동사ing	의미
eating	먹는다는 것	having eaten	먹었다는 것 먹은 상태를 가지고 있는 = 먹은

STEP 2

문장 이해하기

STEP 1에서 단어들의 쓰임을 숙지했다면, 이제 단어들을 가지고
본격적으로 문장을 만들어 볼 것이다.

STEP 1을 통해 단어의 개념을 정확하게 알고, 단어를 잘 연결하고 변형하고 단어를 보충까지
할 수 있게 되었다면, 이 단어들을 가지고 문장을 만드는 것은 오히려 더 쉽다.

STEP 2에서는 먼저 영어 문장의 기본 원리를 이해하고, 기본문장과 기본문장을 보충해주는 법,
문장을 다양하게 활용하는 스킬까지 아주 이해하기 쉽도록 정리해 놓았다.

STEP 2를 읽고 나면 그 동안 어렵게만 생각했던 영어 문장이 너무 쉽게 보일 것이다.
넉넉히 1시간을 잡고 정독해 보자.

Chapter 6

영어 문장의 원리

❶ 문자의원리 | 영어 문장의 기본 원리

[1] 영어는 단어의 순서(위치)가 중요하다.

한국어는 '단어 뒤에 붙어 있는 말'이 중요하다. (-는, -가, -를, -다 등등)

[2] 영어는 방금 말한 단어에 덧붙여서 말하는 언어다.

단어(의미) - 단어(의미) - 단어(의미) - 단어(의미) - …
그래서 문장에서의 단어는 앞/뒤에 있는 단어와 연관이 있다.

[3] 영어는 영어고, 한국어는 한국어다.

영어 문장의 원리를 이해하고 전체 문장의 의미가 무슨 말인지 파악한 후에,
한국어로 다시 표현하는 것이 진짜 해석이다.
수학 공식처럼 'f(영어) = 한국어'가 아니다.

Chapter 7

기본 문장

❶ 기본문장 | 주어(는) + 서술(다) + (대상(을/를))

[1] 영어의 기본문장은 주어 + 서술 + (대상)이다.

영어의 모든 문장은 주어와 서술이 기본이고, 대상은 있을 수도 있고, 없을 수도 있다.

[2] 주어는 문장의 주인공으로, 가장 먼저 말한다.

한국어 문장에서 주인공은 '은/는/이/가'로 표현된다. (한국어로의 표현은 중요×)

[3] 서술은 주어 다음에 말한다.

서술은 '동사를 포함'하여 '의미상 부가적인 부분'까지 모두를 포함한다.
(동사: want 원한다 – 서술: want to drink 마시고 싶다)
한국어 문장에서 서술은 '-다'로 표현된다. (한국어로의 표현은 중요×)

[3-1] 서술은 동사 / 동사 to 동사 / 동사 동사ing로 표현될 수 있다.

동사	동사 to 동사	동사 동사ing
make 만들다	want to make 만들고 싶다	like making 만드는 게 좋다
be a doctor 의사다	want to be a doctor 의사이고 싶다	like being a doctor 의사인 게 좋다
be happy 행복하다	want to be happy 행복하고 싶다	like being happy 행복한 게 좋다
be making[made] 만들고 있다 [만들어진다]	want to be making[made] 만들고 있고[어지고] 싶다	like being making[made] 만들고 있는[어지는] 게 좋다
feel good 기분이 좋다	want to feel good 기분이 좋고 싶다 (want)	like feeling good 기분 좋은 게 좋다 (like)
be at home 집에 있다	want to be at home 집에 있고 싶다	like being at home 집에 있는 게 좋다
have made 만들었다(만든 상태다)	seem to have made 만들었던 것 같다	forget having made 만들었다는 걸 까먹다

[4] 대상은 동사 다음에 말한다.

한국어 문장에서 대상은 '에게/을/를'로 표현된다. (한국어로의 표현은 중요X)
기본문장에서 대상은 있을 수도 있고, 없을 수도 있다.
대상이 필요하면 서술 뒤에 쓰면 된다.

[5] 대상이 2개일 수 있다.

영어 문장은 **방금 말한 단어에 덧붙여서** 말하는 언어다. 원리는 아주 간단하다.
서술이 ~에게(받는 대상)를 말했는데, ~를(주는 대상)을 또 말해야 한다면, 대상을
추가한다.
⇨ 이때, 반드시 '-에게'에 해당하는 받는 대상을 먼저 말하고, 그 다음에 '-을/를'에
   해당하는 주는 대상을 말해야 한다.

[6] 부사는 어디든지, 얼마든지 말할 수 있다.

부사는 문장에서 **어디든지, 얼마든지** 항상 말하면 된다.
(부사의 위치는 추후 훈련을 통해서 얼마든지 익힐 수 있다.)

[7] 기본문장의 예

I	go.		
주어: 나	서술: 간다		= 나는 간다.
He	was happy	yesterday.	
주어: 그	서술: 행복했다	부사: 어제	= 그는 어제 행복했다.
She	has gone.		
주어: 그녀	서술: 가버린 상태다		= 그녀는 가버렸다. (현재상태)
It	has been made.		
주어: 그것	서술: 만들어진 상태다		= 그것은 만들어졌다.(현재상태)
We	like	apples.	
주어: 우리	서술: 좋아한다	대상: 사과	= 우리는 사과를 좋아한다.
I	want to eat	apples.	
주어: 나	서술: 먹고 싶다	대상: 사과	= 나는 사과를 먹고 싶다.
You	finished eating	apples.	
주어: 너	서술: 다 먹었다	대상: 사과	= 너는 사과를 다 먹었다.
I	will stop eating	apples.	
주어: 나	서술: 그만 먹을 것이다	대상: 사과	= 나는 사과를 그만 먹을 거다.
He	gave	her / a book.	
주어: 그	서술: 주었다	대상: 그녀 / 책	= 그는 그녀에게 책을 줬어.
I	will cook	him / pizza.	
주어: 나	서술: 요리할 거다	대상: 그 / 피자	= 나는 그에게 피자를 요리해 줄 거야.

Chapter 8

문장 보충하는 법

❶ 기본문장+단어보충 | 대상의 상태

[1] 대상의 상태를 단어로 보충할 수 있다.

영어 문장은 방금 말한 단어에 덧붙여서 말하는 언어다. 원리는 아주 간단하다.
방금 말한 대상의 상태를 말해야 한다면, 대상 바로 다음에 상태를 말하면 된다.

[2] 상태는 명사 / 형용사 / 장소부사 / 전치사+명사로 표현할 수 있다.

상태를 말해줄 수 있는 단어는 명사, 형용사, 장소부사, 전치사+명사다.

기본문장	I 나	can call 부를 수 있다	her 그녀 [대상]
단어보충			baby 아기 [대상의 상태]

I can call her baby. 나는 그녀를 아기라고 부를 수 있어.

기본문장	I 나	want 원한다	you 너 [대상]
단어보충			happy 행복한 [대상의 상태]

I want you happy. 나는 네가 행복하면 좋겠어.

기본문장	I 나	want 원한다	you 너 [대상]
단어보충			here 여기 [대상의 상태]

I want you here. 나는 네가 여기 있으면 좋겠어.

상태가 전치사+명사일 수 있다.

기본문장	I 나	want 원한다	you 너 [대상]
단어보충			in my office +(울타리) 내 사무실 [대상의 상태]

I want you in my office. 나는 네가 내 사무실에 있으면 좋겠어.

❷ 기본문장+연결보충 | to/전치사/접속사

[1] 기본문장에 명사, 동사, 문장을 연결해서 문장을 보충할 수 있다.

전치사+명사 / to+동사 / 접속사+문장 (STEP 1 '연결 단어' 참고 p.42~)

[2] 주어나 대상(기본문장)이 아닌 명사는 '전치사'로 연결해준다.

기본문장에 해당하지 않는 명사는 어디든지, 얼마든지 전치사로 연결시켜준다.
명사를 단순히 연결시켜주는 기본 전치사는 'of'이다.

기본문장	I 나	am a man 남자
연결보충		+few words[명] +말이 거의 없는

I am a man of few words. 나는 말수가 적은 남자야.

[3] 서술(기본문장)이 아닌 **동사는 'to'로** 연결해준다.

기본문장에서 서술하지 않는 동사는 어디든지, 얼마든지 **'to'로 연결**시켜준다.
이때, 'to'는 '앞으로의 방향'으로 아직 하지 않은/미래/목표의 느낌을 준다.

기본문장	+ walk everyday[동]	is good 좋다
연결보충	+매일 걷다	+(가치/대가전치사) your health[명] +(가치/대가)너의 건강

To walk everyday is good for your health.
매일 걷는 건 네 건강에 좋아.

기본문장	It 그것	is good 좋다	
연결보충		+(가치전치사) your health[명] +(가치)너의 건강	+ walk everyday[동] +매일 걷다

It is good for your health to walk everyday.
매일 걷는 건 네 건강에 좋아. (그건 네 건강에 좋아, 뭐가? 매일 걷는 거)

> **참고** 주어의 자리를 대신할 수 있는 것은 대(신)명사 'it'이다

기본문장	I 나	study English 공부한다 영어
연결보충		+(지점전치사) home[명] +(지점)집
연결보충		+ be an English teacher[동] + 영어 선생님이 되다

I study English at home to be an English teacher.
나는 영어 선생님이 되려고 집에서 영어 공부해.

기본문장	I 나	think it 생각한다 그것 [대상]
단어보충		hard 힘든/어려운 [대상의 상태]
연결보충		+ be an English teacher[동] + 영어 선생님이 되다

I think it hard to be an English teacher.
나는 영어 선생님이 되는 건 힘들(어렵)다고 생각해.
(나는 그게 힘들(어렵)다고 생각해, 뭐가? 영어 선생님이 되는 게)

참고 대상의 자리를 대신할 수 있는 것은 대(신)명사 'it'이다.
즉, It은 **주어와 대상의 자리**에 대신해서 올 수 있다!

기본문장	I 나	think it 생각한다 그것 [대상]
단어보충		hard 힘든/어려운 [대상의 상태]
연결보충		+(가치/대가전치사) him[명] +(가치/대가)그 (다른 사람이 아니라 그의 경우에)
연결보충		+ be an English teacher[동] + 영어 선생님이 되다

I think it hard for him to be an English teacher.
나는 그가 영어 선생님이 되는 건 힘들(어렵)다고 생각해. (다른 사람이 아닌 그에게 해당)
(나는 그게 힘들다고 생각해, 그의 경우에(그에게), 뭐가? 영어 선생님이 되는 거)

기본문장	He 그	wants to make 만들고 싶다	her 그녀
연결보충			+ exercise[동] <everyday> +매일 운동하다
연결보충			+(이유접속사) she is not healthy[문] +(이유) 그녀가 건강하지 않다.

He wants to make her ~~to~~ exercise <u>everyday</u> because she is not healthy.
그는 그녀가 건강하지 않기 때문에 그녀를 매일 운동하도록 만들고 싶어.

> `주의` 'make/have/let + 대상'에 동사를 연결할 때에는 'to'로 연결하지 않고, 바로 동사를 쓴다. **(let it go)**

기본문장	I 나	heard 들었다	you 너
연결보충			+ sing a song[동] 노래하다
연결보충			+(접촉전치사) the stage[명] +(접촉) 무대

I heard you ~~to~~ sing a song on the stage.
나는 네가 무대에서 노래하는 거 들었어.

> `주의` '지각동사(인지/감각) + 대상'에 동사를 연결할 때에는 'to'로 연결하지 않고, 바로 동사를 쓴다.

기본문장	I 나	helped 도왔다	her 그녀
연결보충			+ get a job[동] 일자리를 구하다

I helped her (to) **get a job.**
나는 그녀가 일자리를 구하도록 도와줬어.

> `주의` 'help + 대상'에 동사를 연결할 때에는 'to'를 써도 되고, 안 써도 된다.

[4] 기본문장이 아닌 **문장은 '접속사'로** 연결해준다.

기본문장에 해당하지 않은 문장은 어디든지, 얼마든지 접속사로 연결시켜준다.
문장을 단순히 **연결**시켜주는 기본 접속사는 **'that'**이다.

기본문장	I 나	know 안다	
연결보충		+ you met[문]	the girl + 네가 그 소녀를 만났다 <yesterday 어제>
연결보충			+ had red hair[문] + 빨간 머리를 가지고 있었다

I know that you met the girl that had red hair <yesterday>.
나는 네가 어제 빨간 머리를 하고 있었던 소녀를 만났다는 걸 알아.

기본문장	He 그	told me 나에게 말했다	
연결보충			+ study hard[동] + 열심히 공부하다
연결보충			+(조건접속사) you want to be a doctor [문] +(조건) 네가 의사가 되고 싶다

He told me to study hard if you want to be a doctor.
그는 나에게 의사가 되고 싶으면 공부 열심히 하라고 말했어.

기본문장		my friend 내 친구	lives 산다
연결보충	+(울타리전치사) the house [명] +(울타리)그 집	+ I like very much[문] + 내가 정말 좋아한다	+(함께전치사) his wife[명] +(함께) 그의 아내

In the house, my friend that I like very much / lives with his wife.
그 집에서, 내가 정말 좋아하는 내 친구가 / 그의 아내와 살아.

기본문장	She 그녀	is so beautiful 정말 아름답다	
연결보충		+ I can't take my eyes[문] + 내 눈을 이동시킬 수 없다	
연결보충			+(분리전치사) her[명] +(분리) 그녀

She is so beautiful that I can't take my eyes off her.
그녀가 너무 아름다워서 나는 그녀에게 눈을 뗄 수가 없어.

기본문장		is good 좋다
연결보충	+ you walk everyday[문] + 네가 매일 걷다	+(가치/대가전치사) your health[명] +(가치/대가)너의 건강

That you walk everyday is good for your health.
매일 걷는 건 네 건강에 좋아.

기본문장	It 그것	is good 좋다	
연결보충		+(가치/대가전치사) your health[명] +(가치/대가)너의 건강	+ you walk everyday[문] + 네가 매일 걷다

It is good for your health that you walk everyday.
네가 매일 걷는 건 네 건강에 좋아.
(그건 네 건강에 좋아, 뭐가? 네가 매일 걷는 게)

주의 주어의 자리를 대신할 수 있는 것은 'it'이다.

기본문장	He 그	thinks it 생각한다 그것 [대상]	
연결보충			strange 이상한 [대상의 상태]
			+ I live alone[문] + 내가 혼자 산다

He thinks it strange that I live alone.
그는 내가 혼자 사는 걸 이상하게 생각한다.
(그는 그걸 이상하게 생각해, 뭐를? 내가 혼자 산다는 걸)

주의 대상의 자리를 대신할 수 있는 것은 'it'이다.
즉, It은 주어와 대상의 자리에 대신해서 올 수 있다!

❸ 기본문장+변형보충 | 동사ing/동사ed

[1] 기본문장에 동사를 변형해서 문장을 보충할 수 있다.

동사ing / 동사ed (STEP 1 '변형 단어' 참고)

[2] 서술(기본문장)이 아닌 동사는 'ing/ed'로 동사를 변형해준다.

기본문장에서 서술하지 않는 동사는 어디든지, 얼마든지 'ing/ed'로 변형시켜준다.
이 때, 'ing'는 '동사자체'/ '일시적으로 하(고있)는',
'ed'는 '(과거)한 상태'/ '당하는' 느낌을 준다.

기본문장	walking everyday	is good 좋다
변형/연결	+매일 걷는 것 (동작자체)	+(가치) your health +(가치)너의 건강

Walking everyday is good for your health.
매일 걷는 건 네 건강에 좋아.

기본문장	It 그것	is good 좋다
연결보충		+(가치) your health +(가치)너의 건강
변형보충		walking everyday +매일 걷는 것

It is good for your health walking everyday.
매일 걷는 건 네 건강에 좋아. (그건 네 건강에 좋아, 뭐가? 매일 걷는 거)

주의 대상의 자리를 대신할 수 있는 것은 'it'이다.

기본문장	I 나	watch TV TV를 본다	
연결보충		+(함께) my friend +(함께) 내 친구	
변형보충		eating	popcorn 팝콘을 먹고 있는
연결보충			+ I like most +내가 가장 좋아한다

I watch TV with my friend eating popcorn that I like most.
나는 내가 가장 좋아하는 팝콘을 먹으면서 내 친구와 TV를 봐.

기본문장		Katie 케이티	feels good 기분이 좋다
변형보충 연결보충	having slept well 잘 잔 상태를 가지고 있는	+ is my girlfriend +내 여자친구다	

Having slept well, Katie that is my girlfriend / feels good.
잘 자서, 내 여자친구인 케이티는 기분이 좋아.

주의 'having 동사ed'는 '과거동사ing'의 느낌이라는 걸 기억하자. (STEP 1 p.50~ 참고)

기본문장	I 나	will make 만들것이다.	Susie 수지	a delicious cookie 맛있는 쿠키
변형보충		studying hard 열심히 공부하고 있는		
연결보충		+(울타리) her room +(울타리) 그녀의 방		

I will make / Susie studying hard in her room / a delicious cookie. [대상 2개]
나는 / 방에서 열심히 공부하고 있는 수지에게 / 맛있는 쿠키를 / 만들어 줄 거야.

기본문장	I 나	have just finished 방금 끝낸 상태다	
변형보충		doing	my homework 숙제를 하는 것(동작자체)
연결보충			+should have been finished yesterday. +어제 끝내졌어야 한다

I have just finished doing my homework that should have been finished yesterday.
나는 어제 끝내졌어야 하는 숙제를 하는 걸 방금 끝냈어.

주의 '조동사 have 동사ed'는 '조동사+과거동사'의 느낌이라는 걸 기억하자.

(STEP 1 p.50~ 참고)

기본문장		he 그	missed 놓치다	the concert 그 콘서트
변형보충	stuck 갇혀진(당하는)			
연결보충	+(울타리) traffic +(울타리) 교통			

Stuck in traffic, he missed the concert.
교통 안에 갇혀서(길이 막혀서), 그는 그 콘서트를 놓쳤어.

'변형동사'는 '동형용사'다. 즉, **동사의 성격**을 가진 형용사다.
즉, 변형동사가 올 수 있는 자리에 **형용사도** 올 수 있다!

기본문장		he 그	smiles everyday. 매일 웃는다
변형보충	happy 행복한		
연결보충	+(함께) his wife +(함께) 그의 아내		

Happy with his wife, he smiles everyday.
그의 아내와 행복해서, 그는 매일 웃어.

기본문장	Lisa 리사	played the piano 피아노를 연주했다
변형보충		+(함께) Mario +(함께) 마리오
연결보충		watching 지켜보고 있는

Lisa played the piano with Mario watching.
리사는 마리오가 지켜보고 있는 가운데 피아노를 연주했어.

기본문장	I 나	saw 봤다	you 너
변형보충			+sleep +자다
연결보충			+(함께) your mouth +(함께) 너의 입
형용사			open 열려 있는

I saw you (t̶o̶) **sleep with your mouth open.**
나 너 입 벌리고 자는 거 봤어.

주의 '지각동사'는 바로 동사로 연결한다(t̶o̶)는 걸 기억하자. (p.42~)

Chapter 9
질문하는 법

❶ 질문하기 | ~니?

[1] 영어로 질문할 때에는, 동사를 먼저 말한다.

역시 영어는 단어의 순서(위치)가 중요하다.
한국어는 말 끝을 바꾼다. (먹었다 → 먹었니?)

[2] 특수 동사(be, have, 조동사)를 주어보다 먼저 말하기만 하면 된다.

특수동사	그냥 말하기	질문하기
be	You **are** happy. 너는 행복하다.	**Are** you happy? 너는 행복하니?
have	She **has** finished her homework. 그녀는 숙제를 (지금) 끝냈다. (현재 끝낸 상태다)	**Has** she finished her homework? 그녀는 숙제를 (지금) 끝냈니?
조동사	He **can** swim. 그는 수영할 수 있다.	**Can** he swim? 그는 수영할 수 있니?

[3] 일반동사는 동사를 '조동사 do(es)/did + 동사'로 바꿔서 질문한다.

특수 동사	그냥 말하기	조동사 'do(es) /did' + 동사	질문하기
love 사랑한다	You **love** Susan. 너는 수잔을 사랑한다.	love = **do love**	**Do** you love Susan? 너는 수잔을 사랑하니?
	He **loves** Susan. 그는 수잔을 사랑한다.	loves = **does love**	**Does** he love Susan? 그는 수잔을 사랑하니?
	They **loved** Susan. 그들은 수잔을 사랑했다.	loved = **did love**	**Did** they love Susan? 그들은 수잔을 사랑했니?

참고 'do(es)/did' **와** 'love'를 **붙여** 쓰는 경우에는 원래 동사로(love/loves/loved) 말하면 된다.

[4] 궁금한 단어를 물어볼 때는, 항상 가장 먼저 말한다.

궁금한 단어는 의문사라고 한다.

[4-1] 궁금한 단어를 나타내는 다양한 의문사들

궁금한 것	의문사
궁금한 사람	who(m) 누구 / whose ~ 누구의 ~
궁금한 사람×	what 무엇(무슨) / which 어느 것(어느) / what kind of ~ 어떤 종류의 ~
궁금한 상태	how 어떤(상태)
궁금한 동사	do what 무엇을 하다 / be doing what 무엇을 하고 있다
궁금한 장소	where 어디 / what(which) place 어떤 곳
궁금한 시점	when 언제 / what time 몇 시
궁금한 이유	why 왜 / for what 무엇 때문에
궁금한 방법	how 어떻게
궁금한 정도	how ~ 얼마나 ~ (ex. how pretty 얼마나 예쁜)

[4-2] 원래 문장에서 궁금한 것(→의문사)을 가장 먼저 말하고, 질문한다.

I like her because she is so kind.
나는 그녀가 정말 친절해서 그녀가 좋아.

궁금한 것 'Her'를 → 'who(m)'으로

참고 궁금한 사람이 '대상'이면 who 대신 whom을 써도 된다.

Who(m) <u>do you like</u>?	너는 누구를 좋아해?

궁금한 것 because she is so kind → why

Why <u>do you like her</u>?	너는 그녀가 왜 좋아?

He ate pizza **for** dinner at ABC restaurant yesterday.
그는 어제 저녁으로 서양 식당에서 피자를 먹었어.

궁금한 것 He → who

Who **ate** pizza for dinner at ABC restaurant yesterday? ('did'와 'eat'을 붙여 쓸 때는 'ate')	누가 어제 ABC식당에서 저녁으로 피자를 먹었어?

궁금한 것 pizza → what

What **did he eat** for dinner at ABC restaurant yesterday?	그는 어제 ABC식당에서 저녁으로 뭘 먹었어?

궁금한 것 dinner → what

What **did he eat** pizza **for** at ABC restaurant yesterday? (For what **did he eat** pizza) '전치사+명사'는 **하나의 의미 덩어리**이기 때문에 함께 말할 수 있다.	그는 어제 ABC식당에서 뭘로(점심? 저녁?) 피자를 먹은 거야?

궁금한 것 at ABC restaurant → where / which place / at what kind of restaurant

Where **did he eat** pizza for dinner yesterday? (Which place / At what kind of restaurant)	그가 어제 어디에서 (어떤 장소에서/어떤 종류의 식당에서) 저녁으로 피자를 먹었어?

궁금한 것 yesterday → when

When **did he eat** pizza for dinner at ABC restaurant?	그가 어제 ABC식당에서 저녁으로 피자를 언제 먹었어?

궁금한 것 ate pizza for dinner → do what

What **did he do** at ABC restaurant yesterday?	그가 어제 ABC식당에서 뭐했어?

She saw your brother talking to my sister at Starbucks yesterday.
그녀는 어제 네 남동생이 스타벅스에서 내 여동생과 얘기하고 있는 걸 봤어.

궁금한 것 She → who

Who saw your brother talking to my sister at Starbucks yesterday? **('did'와 'see'를 붙여 쓸 때는 'saw')**	누가 어제 네 남동생이 스타벅스에서 내 여동생과 얘기하는 걸 봤어?

궁금한 것 your brother → who

Who did she see talking to my sister at Starbucks yesterday?	그녀는 어제 스타벅스에서 누가 내 여동생이랑 얘기하는 걸 본 거야?

궁금한 것 talking to my sister → doing what

What did she see your brother doing at Starbucks yesterday?	그녀는 어제 스타벅스에서 네 남동생이 뭐하고 있는 걸 봤어?

궁금한 것 my sister → who

Who did she see your brother talking to at Starbucks yesterday? (**To whom** did she see your brother talking) '전치사+명사'는 **하나의 의미 덩어리** 전치사 뒤에 오는 **사람 의문사는 'who'가 아닌 'whom'을 쓴다.**	그녀는 어제 네 남동생이 스타벅스에서 누구랑 얘기하는 걸 본 거야?

궁금한 것 at Starbucks → where

Where did she see your brother talking to my sister yesterday?	그녀는 네 남동생이 내 여동생이랑 어제 어디에서 얘기하는 걸 봤어?

궁금한 것 yesterday → when

When did she see your brother talking to my sister at Starbucks?	그녀는 네 남동생이 내 여동생이랑 스타벅스에서 얘기하는 걸 언제 본 거야?

Chapter 10

의문사로 문장 연결하는 법

❶ 의문사로 문장 연결하기 | 문장으로 표현해야 하는 말

[1] 의문사로 문장을 연결할 수 있다.

이런 점에서 의문사도 접속사의 일종으로 봐도 된다.

[2] 의문사는 항상 문장의 맨 앞에 쓴다.

의문사는 언제나 문장의 가장 앞에서 말한다. ⇨ 의문사 + 문장

[3] 의문사 뒤에 오는 문장은 늘 의문사에 해당하는 단어가 빠져 있다.

질문할 때와 똑같이, 원래 문장에서 말하고자 하는 단어가 의문사가 되어 맨 앞으로 나가기 때문에, 의문사 뒤에 오는 문장에는 의문사에 해당하는 단어가 항상 빠져 있을 수밖에 없다.

[4] '의문사 + 문장'은 스스로 단어가 될 수도 있고, 단어에 연결할 수도 있다.

한 단어로 말할 수 없는, 즉 문장으로 표현해야 하는 단어는 의문사+문장으로 말한다.
'피자'는 한 단어로 말할 수 있는 단어이다.
'네가 어제 먹은 것'은 한 단어로 말할 수 없고 '네가 어제 먹었다'라는 문장으로 말해야 하는 단어다. ⇨ 의문사 + 네가 어제 먹었다
'네가 어제 먹은 피자'는 피자와 '네가 어제 먹었다'라는 문장으로 말해야(문장 연결) 하는 단어다. ⇨ 피자 + 의문사(or that) + 네가 어제 먹었다
(앞의 명사에 문장을 연결해주는 단어를 '관계사'라 한다. 문법 용어는 중요하지 않다. 그저 기존의 문법용어가 어려웠던 분들을 위해 적었을 뿐이다!)

[4-1] 문장으로 **사람**을 말할 때 ⇨ **who + 사람이 빠진 문장**
사람 + who(that) + 사람이 빠진 문장

문장	질문하기
Steven loves my sister. 스티븐은 내 여동생을 사랑한다.	who loves my sister 내 여동생을 사랑하는 **사람** (**누가** 내 여동생을 사랑하는지) Steven who(that) loves my sister 내 여동생을 사랑하는 **스티븐**
I love Susie. 나는 수지를 사랑한다.	who I love 내가 사랑하는 **사람** (내가 **누구를** 사랑하는지) Susie who(that) I love 내가 사랑하는 **수지**
She talked with Mike. 그녀는 마이크와 얘기했다.	who she talked with 그녀가 같이 얘기했던 **사람** (그녀가 **누구와** 얘기했는지) Mike who(that) she talked with 그녀가 같이 얘기했던 **마이크**

· I don't like Steven **who loves my sister**.
  나는 내 여동생을 사랑하는 스티븐을 안 좋아해.

· My mom always asks me **who I love**.
  우리 엄마는 항상 나에게 내가 누구를 사랑하는지(내가 사랑하는 사람)를 물어봐.

· I want to know **who she talked with yesterday**.
  나는 그녀가 어제 누구랑 얘기했는지(같이 얘기했던 사람)를 알고 싶어.

[4-2] 문장으로 뭔가를 말할 때 ⇨ what + 뭔가가 빠진 문장
뭔가 + which(that) + 뭔가가 빠진 문장

문장	질문하기
Apples are good for my health. 사과는 내 건강에 좋다.	**what** is good for my health **의문사**는 **하나(단수)**로 본다. 내 건강에 좋은 것 (**뭐가** 내 건강에 좋은지)
	Apples which(that) are good for my health 내 건강에 좋은 **사과**
You bought **the laptop**. 너는 그 노트북을 샀다.	**what** you bought 네가 산 **것(그것)** (내가 **무엇을** 샀는지)
	The laptop which(that) you bought 네가 산 **그 노트북**
He eats pizza with **a spoon**. 그는 숟가락을 가지고 (숟가락으로) 피자를 먹는다.	**what** he eats pizza with 그가 가지고 피자를 먹는 **그것** (그가 **무엇**으로 피자를 먹는지)
	A spoon which(that) she eats pizza with 그녀가 (가지고) 피자를 먹는 **숟가락**

· I will buy **what is good for my health** at Costco mart tomorrow.
  나는 내일 코스트코에서 내 건강에 좋은 걸 살 거야.

· I want to buy the laptop **which(that) you bought**.
  나는 네가 산 노트북을 사고 싶어.

· I want to know **what he eats pizza with**.
  나는 그가 무엇으로 피자를 먹는지(그가 뭔가를 가지고 피자를 먹는데, 그거)를 알고 싶어.

[4-3] 문장으로 동사를 말할 때 ⇨ what ~ do + 동사가 빠진 문장

문장	질문하기
She **stayed at home**. 그녀는 집에 있었다.	**what** she **did** yesterday 그녀가 어제 한 것(그것) (그녀가 어제 **무엇을 했는지**)
They **are studying English**. 그들은 영어를 공부하고 있다.	**what** they are **doing** 그들이 하고 있는 것(그것) (그들이 **무엇을 하고 있는지**)

· I know **what she did yesterday**.

　나는 그녀가 어제 뭐했는지(어제 한 것)를 알아.

· I know **what they are doing**.

　나는 그들이 뭐하고 있는지(하고 있는 것)를 알아.

[4-4] 문장으로 **장소**를 말할 때 ⇨ where + 장소가 빠진 문장
장소 + where(that) + 장소가 빠진

문장	문장으로 장소 말하기와 연결하기
They met **at Starbucks** yesterday. 그들은 어제 스타벅스에서 만났다.	where they met yesterday 그들이 어제 만난 곳 (그들이 어제 **어디에서** 만났는지) the Starbucks where(that) they met yesterday 그들이 어제 만난 **스타벅스**

· Tell me **where they met yesterday**.

  그들이 어제 어디에서 만났는지(만난 곳)를 나에게 말해줘.

· I saw the Starbucks **where(that) they met yesterday**.

  나는 그들이 어제 만난 스타벅스를 봤어.

[4-5] 문장으로 시점을 말할 때 ⇨ **when + 시점이 빠진 문장**

시점 + when(that) + 시점이 빠진 문장

문장	문장으로 시점 말하기와 연결하기
We broke up **on Christmas**. 우리는 크리스마스에 헤어졌다	**when** we broke up 우리가 헤어졌던 **날** (우리가 **언제** 헤어졌는지)
	The Christmas when(that) we broke up 우리가 헤어졌던 **그 크리스마스**

· I remember **when we broke up**.

　나는 우리가 헤어졌던 그 날을 기억해.

· I remember the Christmas **when(that) we broke up**.

　나는 우리가 헤어졌던 그 크리스마스를 기억해.

[4-6] 문장으로 이유를 말할 때 ⇨ **why + 이유가 빠진 문장**

이유 + why(or that) + 이유가 빠진 문장

문장	문장으로 이유 말하기와 연결하기
She felt sad **because he left**. 그녀는 그가 떠나서 슬펐다.	**why** she felt sad 그녀가 슬펐던 **이유** (그녀가 **왜** 슬펐는지)
	The reason why(that) she felt sad 그녀가 슬펐던 **이유**

· Can you tell me **why she felt sad**?

　그녀가 왜 슬펐는지(그녀가 슬펐던 이유)를 나에게 말해 줄래?

· Can you tell me the reason **why(that) she felt sad**?

　그녀가 왜 슬펐는지(그녀가 슬펐던 이유)를 나에게 말해 줄래?

[4-7] 문장으로 상태를 말할 때 ⇨ how + 상태가 빠진 문장

문장	문장으로 상태 말하기
It was **good** yesterday. 그것은 어제 <u>괜찮았다</u>	**how** it was yesterday 그것이 어제 **어땠는지** (그것의 **상태**)

· I don't know **how it was yesterday**.
  나는 어제 그것이 어땠는지(그것의 상태)를 몰라.

[4-8] 문장으로 정도를 말할 때 ⇨ how ~ + 정도가 빠진 문장

문장	문장으로 정도 말하기
My son is **two years old**. 내 아들은 <u>두 살</u>이다.	**how old** my son is 내 아들이 **얼마나 old**한 지(몇 살인지) (old의 **정도**)

· Do you know **how old my son is**?
  너는 내 아들이 몇 살인지(얼마나 old한지)를 알아?

Chapter 11

가(짜) 정하기의 원리

🗨 가(짜)정하기 | '사실은 그렇지 않은데 ~면'

[1] 가정하는 것은 '사실은 안 그런데 만약에 그렇다면……'이라고 하는 것이다.

가정하는 말은 일상생활에서 정말 자주 쓴다. 그래서 반드시 알고 있어야 한다.

[2] '만약에 ~면'이라는 의미의 접속사는 'if'다.

'if 문장~'은 '만약에 문장~하면'의 뜻을 가진다.

[3] 사실은 안 그런 느낌의 문장은 동사를 전 시제로 말한다.

현재보다 전 시제는 과거다.
과거보다 전 시제의 한 단어는 없기 때문에 'had(과거) + 동사ed(과거)'로 표현한다.
시제 순서 : had 동사ed → 과거 → 현재

[3-1] 현재 사실은 안 그런데, 만약에 그렇다면……은 동사를 과거로!

현재보다 전 시제는 과거다.
'과거'의 느낌은 '현재랑 상관없는 느낌'이다. **현재 사실은 안 그런 느낌**을 준다.

· If I flew in the sky : 내가 하늘을 난다면…… (현재 내가 날 순 없지만)
· If I was(were) rich : 내가 부자라면…… (현재 내가 부자는 아니지만)

> **참고** 가정할 때는 **be동사를 언제나 were**로 쓸 수 있다.

[3-2] 과거에 안 그랬는데, 만약에 그랬었다면······은 동사를 had +동사ed로!

과거보다 전 시제는 had+동사ed다. (과거 + 과거) '**과거랑 상관없는 느낌**'이다.
과거 사실은 안 그랬던 느낌을 준다.

· If I <u>had studied</u> harder : 내가 공부를 더 열심히 했었더라면······ (공부를 열심히
　　　　　　　　　　　　　　　　　안 했었지만)
· If I <u>had been rich</u> : 내가 부자였었더라면······ (부자가 아니었지만)

[4] 미래에 안 그럴 것 같은 느낌의 문장은 should(would/were to)로!

· If I <u>were to be young</u> again : 내가 다시 젊어진다면······ (절대 젊어질 일 없음
　　　　　　　　　　　　　　　　　100%불가능)
· If I <u>would/should die</u> tomorrow : 내가 내일 죽는다면······ (내일 죽을 것 같진 않
　　　　　　　　　　　　　　　　　음 1% 정도 가능)
　　　　　　　　　　　　　 참고 'were to'는 미래 **100% 불가능한 느낌**을,
　　　　　　　　'would/should'는 **1% 정도는 가능한 느낌**을 준다.

[5] 사실이 아니면 강하게 말할 수 없다.

강한 의미	약한 의미	약한 의미 + 과거
will 할 거야!	would 할 **텐데**	would have 동사ed **했을** 텐데
can 할 수 있어!	could 할 수 **있을 텐데**	could have 동사ed 할 수 **있었을** 텐데

· If I flew in the sky, I could go to Europe.
  내가 하늘을 난다면, 유럽으로 갈 수 있을 텐데.

· If I was(were) rich, I would buy it.
  내가 부자라면, 그것을 살 텐데.

· If I had studied harder, I could get a better job.
  내가 공부를 더 열심히 했었더라면, 더 좋은 직업을 가질 수 있을 텐데.

· If I had been **rich**, I would have helped him.
  내가 부자였었더라면, 그를 도왔을 텐데.

· If I were to be young again, I would marry her.
  내가 다시 젊어진다면, 그녀와 결혼할 텐데.

· If I would/should die tomorrow, I would give you my old money.
  내가 내일 죽는다면, 내 전 재산을 너에게 줄 텐데.

[6] 전 시제를 말해서 사실이 아닌 '가정'의 의미를 주는 다른 문장들

· I wish I were rich. : '**내가 부자면**……'이라고 희망한다.

                      (부자가 아님 → 전시제인 '과거'로 표현)

· I wish I had been rich. : '**내가 부자였었으면**……'이라고 희망한다.

                      (부자가 아니었음 → 전 시제인 'had 과거상태'로 표현)

· He talks as if he were rich. : 그는 **부자인 것처럼** 말한다.

· He talks as if he had been rich. : 그는 **(과거에)부자였던 것처럼** 말한다.

· I wished I were rich. : '**내가 부자면**……'이라고 희망했다.

· I wished I had been rich. : '**내가 부자였었으면**……'이라고 희망했다.

· He talked as if he were rich. : 그는 **부자인 것처럼** 말했다.

· He talked as if he had been rich. : 그는 **(과거에)부자였던 것처럼** 말했다.

Chapter 12

기타 문장

❶ 기타 문장 | 해라, 하자, 대박, -있다

[1] '~해라!' 라고 말할 때는, 주어 없이 '동사원형'으로 시작한다.

· Go home 집에 가다 → 집에 가라 Go home!
· be quiet here 여기에서 조용하다 → 여기에서 조용해라 Be quiet here!
· 집에 **가지** 마라 Don't **go** home! / 여기에서 조용하지 **마라 Don't** be quiet here!

[2] '~하자!' 라고 말할 때는, 'Let's 동사원형'으로 시작한다.

· Go home 집에 가다 → 집에 **가자 Let's go** home!
· be quiet here 여기에서 조용하다 → 여기에서 **조용하자 Let's be quiet** here!
· 집에 가지 **말자 Let's not** go home! / 여기에서 조용하지 **말자 Let's not** be
                   (never)   (never)
  quiet here!

[3] '대박~다!' 라고 말할 때는, 'what/how ~'로 시작한다.

이것은 비싼 차다. This is an expensive car.	이것은 **대박** 비싼 차다! **What** an expensive car (this is)! → **What(대박)** 명사 (나머지)! (괄호) 생략가능
이 차는 비싸다. This car is expensive.	이 차는 **대박** 비싸다! **How** expensive (this car is)! → **How(대박)** 형/부 (나머지)! (괄호) 생략가능

[4] '~가 있다' 라고 말할 때는, 'There is/are ~'로 시작한다.

· 테이블 위에 **사과 2개가 있다** → **There are two apples** on the table.

연습문제

❶ 필수단어 | 명사 | 무엇, 어느 것, 누구

다음 한국어를 영어로 표현해보세요.

1. 집 / 그 집 / 집들 / 그 집들 (house)
2. 돈 / 그 돈 / 희망 / 그 희망 (money, hope)
3. 사과 하나 / 그 사과 / 사과들 / 그 사과들 (apple)
4. 너희들은 / 그들을 / 우리는 / 그녀의
5. 남자 / 그 남자 / 남자들 / 그 남자들
6. 이 / 그 이 / 이들 / 그 이들 (tooth)
7. 버스 / 그 버스 / 버스들 / 그 버스들 (bus)
8. 우리를 / 그들은 / 너희들의 / 그는
9. 커피 / 그 커피 / 사랑 / 그 사랑 (coffee, love)
10. 쥐 / 그 쥐 / 쥐들 / 그 쥐들 (mouse)
11. 이야기 / 그 이야기 / 이야기들 / 그 이야기들 (story)
12. 그를 / 나를 / 그들의 / 우리의
13. 발 / 그 발 / 발들 / 그 발들 (foot)
14. 소년 / 그 소년 / 소년들 / 그 소년들 (boy)
15. 감자 / 그 감자 / 감자들 / 그 감자들 (potato)
16. 그를 / 나의 / 그것들은 / 그것의
18. 아이 / 그 아이 / 아이들 / 그 아이들 (child)
19. 그것은 / 그것들을 / 그의 / 그녀는
20. 물고기 / 그 물고기 / 물고기 세 마리 / 그 물고기 세 마리 (fish)

* 색 표시된 부분은 복수(여럿)형태가 규칙적이지 않습니다.

[정답]

1. a house / the house / houses / the houses

2. money / the money / hope / the hope

3. an apple / the apple / apples / the apples

4. you / them / we / her

5. a man / the man / men / the men

6. a tooth / the tooth / teeth / the teeth

7. a bus / the bus / buses / the buses

8. us / they / your / he

9. coffee / the coffee / love / the love

10. a mouse / the mouse / mice / the mice

11. a story / the story / stories / the stories

12. him / me / their / our

13. foot / the foot / feet / the feet

14. a boy / the boy / boys / the boys

15. a potato / the potato / potatoes / the potatoes

16. him / my / they / its

18. child / the child / children / the children

19. it / them / his / her

20. a fish / the fish / three fish / the three fish

❷ 필수단어 | 형용사 | 어떤, 무슨, 어느, 누구의

다음 한국어를 영어로 표현해보세요.

1. 작은 집 한 채 (small, house)

2. 그 맛있는 과자 (delicious, cookie)

3. 나의 배고픈 친구 (hungry, friend)

4. 너의 건강한 강아지들 (healthy, dog)

5. 오래된 집 두 채 (old, house)

6. 그의 영리한 고양이 (smart, cat)

7. 그 무거운 선물들 (heavy, present)

8. 어떤 것 / 차가운 어떤 것

9. 비싼 휴대폰 하나 (expensive, cell phone)

10. 인기 있는 책 다섯 권 (popular, book)

11. 나의 배고픈 두 딸들 (hungry, daughter)

12. 그의 비싼 집 (expensive, house)

13. 어떤 사람 / 중요한 어떤 사람

14. 무슨 가방 / 어느 가방 / 누구의 가방

15. 우리의 멋진 집 (nice, house)

16. 우리의 영원한 친구 (forever, friend)

17. 그녀의 무거운 가방 (heavy, bag)

18. 오래된 반지 한 개 (old, ring)

19. 나의 가장 좋아하는 음식 (favorite, food)

20. 그 새로운 책 7권 (new, book)

* -thing, -one, -body로 끝나는 명사인 경우, 형용사가 뒤에 온다.

[정답]

1. a small house

2. the delicious cookie

3. my hungry friend

4. your healthy dogs

5. two old houses

6. his smart cat

7. the heavy presents

8. something / something cold

9. an expensive cell phone

10. five popular books

11. my two hungry daughter

12. his expensive house

13. someone / someone important

14. what bag / which bag / whose bag

15. our nice house

16. our forever friend

17. her heavy bag

18. an old ring

19. my favorite food

20. the seven new book

❸ 필수단어 | **동사** | '~다'라고 말해주는 단어

다음 한국어를 영어로 표현해보세요.

1. 나는 공부한다 / 그는 공부한다 / 너는 공부했다 / 그녀는 공부했다 (study)

2. 그들은 산다 / 그녀는 산다 / 우리는 샀다 / 그는 샀다 (buy)

3. 너는 먹는다 / David는 먹는다 / 너는 먹었다 / 나의 여동생은 먹었다 (eat, sister)

4. Susan은 본다 / 우리는 본다 / 너의 오빠는 봤다 / 그들은 봤다 (see)

5. 나의 엄마는 약속한다 / 그녀는 약속한다 / 우리는 약속했다 / Kate는 약속했다 (promise)

6. Mike는 간다 / 그의 친구들은 간다 / Dan은 갔다 / 그의 친구들은 갔다 (go, friend)

7. 그녀는 잃어버린다 / 우리는 잃어버린다 / 그녀는 잃어버렸다 / 우리는 잃어버렸다 (lose)

8. 우리는 묻는다 / 그 예쁜 여자는 묻는다 / 그들은 물었다 / Mike는 물었다 (ask, pretty woman)

9. 우리는 한다 / 그는 한다 / 그들은 했다 / 그녀는 했다 (do)

10. 그녀는 가르친다 / 우리는 가르친다 / 그 잘생긴 선생님은 가르쳤다 / 그들은 가르쳤다. (teach, handsome teacher)

11. 나는 공부 안 한다 / 그는 공부 안 한다 / 너는 공부 안 했다 / 그녀는 공부 안 했다

12. 그들은 안 산다 / 그녀는 안 산다 / 우리는 안 샀다 / 그는 안 샀다

13. 너는 안 먹는다 / David는 안 먹는다 / 너는 안 먹었다 / 나의 여동생은 안 먹었다

14. Susan은 안 본다 / 우리는 안 본다 / 너의 오빠는 안 봤다 / 그들은 안 봤다

15. 나의 엄마는 약속 안 한다 / 그들은 약속 안 한다 / 우리는 약속 안 했다 / Kate는 약속 안 했다

16. Mike는 안 간다 / 그의 친구들은 안 간다 / Dan은 안 갔다 / 그의 친구들은 안 갔다

17. 그녀는 안 잃어버린다 / 우리는 안 잃어버린다 / 그녀는 안 잃어버렸다 / 우리는 안 잃어버렸다

18. 우리는 안 묻는다 / 그 예쁜 여자는 안 묻는다 / 그들은 안 물었다 / Mike는 안 물었다

19. 우리는 안 한다 / 그는 안 한다 / 그들은 안 했다 / 그녀는 안 했다

20. 그녀는 안 가르친다 / 우리는 안 가르친다 / 그 잘생긴 선생님은 안 가르쳤다 / 그들은 안 가르쳤다

[정답]

1. I study / He studies / You study / She studied

2. They buy / She buys / We bought / He bought

3. You eat / David eats / You ate / My sister ate

4. Susan sees / We see / You brother saw / They saw

5. My mom promise / She promises / We promised / Kate promised

6. Mike goes / His friends go / Dan went / His friends went

7. She loses / We lose / She lost / We lost

8. We asks / The pretty woman asks / They asked / Mike asked

9. We do / He does / They did / She did

10. She teaches / We teach / The handsome teacher taught / They taught

11. I don't study / He doesn't study / You didn't study / She didn't study

12. They don't buy / She doesn't buy / We didn't buy / He didn't buy

13. You don't eat / David doesn't eat / You didn't eat / My sister didn't eat

14. Susan doesn't see / We don't see / Your brother didn't see / They didn't see

15. My mom doesn't promise / They don't promise / We didn't promise / Kate didn't promise

16. Mike doesn't go / His friends don't go / Dan didn't go / His friends didn't go

17. She doesn't lose / We don't lose / We didn't lose / We didn't lose

18. We don't ask / The pretty woman doesn't ask / They didn't ask / Mike didn't ask

19. We don't do / He doesn't do / They didn't do / She didn't do

20. She doesn't teach / We don't teach / The handsome teacher didn't teach / They didn't teach

❹ 필수단어 | 부사 | 언제, 어디에서, 어떻게, 얼마나, 왜

다음 한국어를 영어로 표현해보세요.

1. 예쁜 / 매우 예쁜 (pretty, very)

2. 높이 / 매우 높이 (high, very)

3. 먹었다 / 어제 먹었다 (ate, yesterday)

4. 고마워 / 정말 많이 고마워 (thank you, very much)

5. 유명한 / 정말 유명한 (famous, really)

6. 아픈 / 심각하게 아픈 (ill, seriously)

7. 인사하다 / 기쁘게 인사하다 (greet, happily)

8. 빨리 / 매우 빨리 (fast, really)

9. 연습하다 / 열심히 연습하다 (practice, hard)

10. 멋있는 / 정말 멋있는 (cool, really)

11. 이 새는 매우 높이 난다. (bird, fly)

12. 그는 항상 먹는다 (eat, always)

13. 다행히도, 그는 나를 사랑한다. (luckily, love)

14. Katie는 아래로 갔다.

15. David는 매우 빨리 달린다.

16. 나의 남편은 늦게까지 일한다 (husband, work, late)

17. 우리는 종종 걷는다 (walk, often)

18. 놀랍게도, 그는 시험을 통과했다. (surprisingly, pass, exam)

19. 나의 아빠는 주로 주무신다. (dad, sleep, usually)

20. 이 블라우스는 완벽하게 어울린다. (blouse, match, perfectly)

* 빈도를 나타내는 부사는 동사 앞, 특수 동사 뒤에 옵니다.

[정답]

1. pretty / very pretty

2. high / very high

3. ate / ate yesterday

4. thank you / thank you very much

5. famous / really famous

6. ill / seriously ill

7. greet / greet happily

8. fast / really fast

9. practice / practice hard

10. cool / really cool

11. This bird flies very high.

12. He always eat.

13. Luckily, he loves me.

14. Katie went down.

15. David runs very fast.

16. My husband works late.

17. We often walk.

18. Surprisingly, he passed the exam.

19. My dad usually sleeps.

20. This blouse matches perfectly.

💬 변형단어 | 동사 ing, 동사 ed

다음 한국어를 영어로 표현해보세요.

1. [주다 give] 준다는 것 / 주어지는 / 받는 / 주고 있는 / 주는 / 준

2. [만들다 make] 만들어지는 / 만들고 있는 / 만드는 / 만든 / 만든다는 것

3. [사용하다 use] 사용되는 / 사용한 / 사용하고 있는 / 사용하는 / 사용한다는 것

4. [말해주다 tell] 말해준다는 것 / 말해주는 / 말해지는 / 듣는 / 말해주고 있는 / 말해준

5. [선택하다 choose] 선택 받는 / 선택한다는 것 / 선택한 / 선택하고 있는 / 선택하는

6. [끝내다 finish] 끝내고 있는 / 끝낸 / 끝내는 / 끝내지는 / 끝낸다는 것

7. [부르다 call] 불리는 / 부르는 / 부르고 있는 / 부른 / 부른다는 것

8. [잡다 catch] 잡는다는 것 / 잡히는 / 잡는 / 잡고 있는 / 잡은

9. [쓰다 write] 쓰고 있는 / 쓰여지는 / 쓴 / 쓴다는 것 / 쓰는

10. [하다 do] 한다는 것 / 한 / 하고 있는 / 하는 / 하여지는

11. [연주하다 play] 연주하고 있는 / 연주되는 / 연주한다는 것 / 연주하는 / 연주한

12. [기억하다 remember] 기억한다는 것 / 기억하는 / 기억하고 있는 / 기억한 / 기억되는

13. [먹다 eat] 먹히는 / 먹은 / 먹는다는 것 / 먹고 있는 / 먹는

14. [구매하다 buy] 구매하는 / 구매한 / 구매하고 있는 / 구매되는 / 구매한다는 것

15. [들다 hold] 들려진 / 들고 있는 / 든 / 든다는 것 / 드는

16. [사랑하다 love] 사랑한다는 것 / 사랑받는 / 사랑한 / 사랑하는 / 사랑하고 있는

17. [짓다 build] 짓고 있는 / 지어지는 / 짓는다는 것 / 지은 / 짓는

18. [놀라게 하다 amaze] 놀라게 하는 / 놀라게 한다는 것 / 놀라게 되는 /
    놀라게 한 / 놀라게 하고 있는

19. [실망시키다 disappoint] 실망시킨다는 것 / 실망시키는 / 실망되는 /
    실망시키고 있는 / 실망시킨

20. [멈추다 stop] 멈춰지는 / 멈추는 / 멈추고 있는 / 멈춘다는 것 / 멈춘

[정답]

1. giving / given / given / giving / giving / given

2. made / making / making / made / making

3. used / used / using / using / using

4. telling / telling / told / told / telling / told

5. chosen / choosing / chosen / choosing / choosing

6. finishing / finished / finishing / finished / finishing

7. called / calling / calling / called / calling

8. catching / caught / catching / catching / caught

9. writing / written / written / writing / writing

10. doing / done / doing / doing / done

11. playing / played / playing / playing / played

12. remembering / remembering / remembering / remembered / remembered

13. eaten / eaten / eating / eating / eating

14. buying / bought / buying / bought / buying

15. held / holding / held / holding / holding

16. loving / loved / loved / loving / loving

17. building / built / building / built / building

18. amazing / amazing / amazed / amazed / amazing

19. disappointing / disappointing / disappointed / disappointing / disappointed

20. stopped / stopping / stopping / stopping / stopped

💬 **연결단어** | 전치사, to, 접속사

다음 한국어를 영어로 표현해보세요.

1. +(하는 한) 내가 너를 사랑하다 = 내가 너를 사랑하는 한 (love)

2. +(접촉) 벽 = 벽에 붙어 있는 (on, wall)

3. 좋아하다 + 노래 부르다 = 노래 부르는 것을 좋아하다 (like, sing)

4. +(때) 내가 어렸다 = 내가 어렸을 때 (I was young)

5. +(함께) + 그녀 = 그녀와 함께

6. 원하다 + 공부하다 = 공부하고 싶다 (want, study)

7. +(울타리) 그 상자 = 그 상자 안 (box)

8. +(비록 하더라도) 그는 가난하다 = 비록 그가 가난하지만 (he is poor)

9. 한 명 + 내 친구들 (one, friend)

10. 결심하다 + 가다 = 가기로 결심하다 (decide, go)

11. 의자 + 앉다 = 앉을 의자 (chair, sit on)

12. +(하면) 네가 열심히 공부하다 = 네가 열심히 공부하면 (study, hard)

13. +(지점) 학교 = 학교에서 (school)

14. 노력하다 + 통과하다 = 통과하려고 노력하다 (try, pass)

15. +(때문에) 내가 배고프다 = 내가 배고파서 (I am hungry)

16. 좋은 친구 + 함께 놀다 = 함께 놀 친구 (good, friend, play with)

17. +(주변) 우리 = 우리 주위

18. 한 컵 + 커피 = 커피 한 컵(cup, coffee)

19. 바라다 + 네가 나를 좋아하다 = 네가 나를 좋아하길 바라다 (hope, like)

20. 10분 +(방향/도착) 5시 = 5시전 10분 = 4시 50분 (10 minutes)

[정답]

1. as long as I love you

2. on the wall

3. like to sing

4. when I was young

5. with her

6. want to study

7. in the box

8. though he is poor

9. one of my friends

10. decide to go

11. a chair to sit on

12. if you study hard

13. at school

14. try to pass

15. since I am hungry

16. a good friend to play with

17. around us

18. a cup of coffee

19. hope that you like me

20. 10 minutes to 5

단어 보충하기 | 연결/변형시켜서 단어를 보충해주기

다음 한국어를 영어로 표현해보세요.

1. 그 작은 도서관 안에 있는 내 영리한 친구들 (small, library, in, smart, friend)

2. 끝낼 숙제 (finish, homework)

3. 너의 맛있는 사과에 붙어 있는 그 배고픈 파리들 (delicious, apple, on, hungry, fly)

4. 내가 자주 먹는 과자 (I often eat, cookie)

5. 비싼 휴대 전화기 한 대가 있는 그녀의 인기 있는 친구 (expensive, cell phone, with, popular, friend)

6. 그 맛있는 과자들 주변에서 배고픈 (delicious, cookie, around, hungry)

7. 너를 봐서 좋은 (see you, good)

8. 내가 너를 사랑해서 행운인 (I love you, lucky)

9. 너를 사랑해서 미안한 (love you, sorry)

10. 내가 너를 사랑해서 미안한 (I love you, sorry)

11. 그와 함께여서 안전한 (him, with, safe)

12. 그들의 비싼 집 옆에서 운동한다 (expensive, house, next to, exercise)

13. 너를 보기를 희망한다 (see you, hope)

14. 네가 공부한다고 믿는다 (you study, believe)

15. 내가 너를 사랑한다는 걸 의미한다 (I love you, mean)

16. 내가 좋아하는 도서관에서(지점) 공부한다 (I like, library, at, study)

17. 그와 함께 노래하는 걸 좋아한다 (him, with, sing, like)

18. 서점에서 책을 사고 있는 수잔 (bookstore, at, book, buy, Susan)

19. 수잔에 의해 선택된 책 (Susan, by, choose, book)

20. 피자를 먹으면서 TV를 본다 (eat pizza, watch TV)

[정답]

1. My smart friend in the small library

2. Homework to finish

3. The hungry flies on your delicious apple

4. The cookie that I often eat

5. Her popular friend with an expensive cell phone

6. Hungry around the delicious cookies

7. Good to see you

8. Lucky that I love you

9. Sorry to love you

10. Sorry that I love you

11. Safe with him

12. Exercise next to their expensive house

13. Hope to see you

14. Believe that you study

15. Mean that I love you

16. Study at the library that I like

17. Like to sing with him

18. Susan buying a book at the bookstore

19. The book chosen by Susan

20. Watch TV eating pizza

💬 동사로 만들기 1 | 언제, 어디에서, 어떻게, 얼마나, 왜

다음 한국어를 영어로 표현해보세요.

1. [학생 a student] 학생이다

2. [예쁜 pretty] 예쁘다

3. [달리다 run] 달리고 있는 / 달리고 있다

4. [여기 here] 여기 있다

5. [주다 give] 주고 있는 / 주고 있다 / 받는 / 받는다

6. [그 가방 안 in the bag] 그 가방 안에 있다

7. [공부하다 study] 공부할 / 공부할 것이다

8. [케이티와 함께 with Katie] 케이티랑 같이 있다

9. [만들다 make] 만들어지는 / 만들어진다 / 만들어질 / 만들어질 것이다

10. [사용하다 use] 사용되는 / 사용된다 / 사용되어지고 있는 / 사용되어지고
    있다

[정답]

1. be a student

2. be pretty

3. running / be running

4. be here

5. giving / be giving / given / be given

6. be in the bag

7. to study / be to study

8. be with Katie

9. made / be made / to be made / be to be made

10. used / be used / being used / be being used

동사로 만들기 2 | 동사+형용사 = 동사

다음 한국어를 영어로 표현해보세요.

1. [행복한 happy] 행복하다 / 행복해 보인다 / 행복해지다 / 행복하게 느낀다 / 계속 행복하다

2. [맛있는 delicious] 맛있다 / 맛있는 냄새가 난다 / 맛있어 보인다 / 맛있는 맛이 난다

3. [건강한 healthy] 건강하다 / 건강해 보인다 / 계속 건강하다

4. [배고픈 hungry] 배고프다 / 배고파지다 / 배고파 보인다

5. [좋은 good] 좋다 / 좋아 보인다 / 좋게 들린다 / 좋은 냄새가 난다 / 맛이 좋다

6. [조용한 quiet] 조용하다 / 계속 조용하다

7. [화난 angry] 화난 상태다 / 화가 나게 되다 / 계속 화가 나다 / 화난 것처럼 보인다

8. [상한 bad] 상한 상태다 / 상하게 되다 / 상한 것처럼 보인다

9. [이상한 strange] 이상하다 / 이상해 보인다 / 이상하게 들린다 / 이상한 느낌이 든다

10. [준비된 ready] 준비된 상태다 / 준비된 상태다 되다

[정답]

1. be happy / look happy / get happy / feel happy / stay happy

2. be delicious / smell delicious / look delicious / taste delicious

3. be healthy / look healthy / keep healthy

4. be hungry / get hungry / seem hungry

5. be good / look good / sound good / smell good / taste good

6. be quiet / keep quiet

7. be angry / get angry / keep angry / seem angry

8. be bad / go bad / look bad

9. be strange / look strange / sound strange / feel strange

10. be ready / get ready

# 동사로 만들기 3 | have + 동사ed = 동사

다음 한국어를 영어로 표현해보세요.

1. [먹다 eat] 먹었던(과거) 상태 / 먹은 상태다(먹었고, 먹은 상태를 가지고 있어서 지금 배부름)

2. [행복한 happy] 행복하다 / 행복했던(과거) 상태 / 행복했던 상태다(행복했고, 지금도 그럼)

3. [가르치다 teach] 가르쳤던(과거) 상태 / 가르쳤던 상태다(가르쳤고, 지금도 그럼 - 과거부터 가르치고 있음)

4. [가르치다 teach] 배우다 / 배웠던(과거) 상태 / 배웠던 상태다(배웠고, 지금도 그럼 - 과거부터 배우고 있음)

5. [여기 here] 여기있다 / 여기 있던(과거) 상태 / 여기 있던 상태다(여기 있었고, 지금도 그럼 - 계속 여기 있었음)

6. [의사 a doctor] 의사다 / 의사였던(과거) 상태 / 의사였던 상태다(의사였고, 지금도 - 과거부터 계속 의사)

7. [말해주다 tell] 말했던(과거) 상태 / 말했던 상태다(뭔가를 지금 말한 상태 or 뭔가를 말한 적이 있음)

8. [말해주다 tell] 듣다 / 들었던(과거) 상태 / 들었던 상태다(들었고, 지금 그런 상태 - 뭔가를 지금 들은 상태)

9. [짓다 build] 지었던(과거) 상태 / 지었던 상태다(지었던 상태를 지금 가지고 있음 - 뭔가를 지금 지은 상태)

10. [짓다 build] 지어지다 / 지어졌던(과거) 상태 / 지어졌던 상태다(지금 지어진 상태임)

[정답]

1. eaten / have eaten

2. be happy / been happy / have been happy

3. taught / have taught

4. be taught / been taught / have been taught

5. be here / been here / have been here

6. be a doctor / been a doctor / have been a doctor

7. told / have told

8. be told / been told / have been told

9. built / have built

10. be built / been built / have been built

🗨 동사로 만들기 4 | '동사ed'를 과거표현으로 활용하기

다음 한국어를 영어로 표현해보세요.

1. [해야 한다 should] 줘야 한다 / 줬어야 한다 / 받아야 한다 / 받았어야 한다

2. [일하다 work] 너와 함께 일해서 행복한 / 너와 함께 일했어서 행복한

3. 일하고 있다 / 너와 함께 일하고 있어서 행복한/ 너와 함께 (과거부터)일하고 있어와서 행복한

4. [아마 그럴 것이다 may] 아마 여기 있을 거다 / 아마 여기 있었을 거다

5. [잘 자고 있는 상태, 나는 기분 좋다. Sleeping well, I feel good. = 잘 자고 있어서 나는 기분 좋다]
   어제 잘 자서, 나는 지금 기분이 좋다. (어제 잘 잔 상태를 지금 가지고 있는 상태, 나 기분 좋음)

6. [떠나다 leave] 그의 가족을 떠나야 해서 슬픈 / 그의 가족을 떠났어서 슬픈

7. [분명히 ~거다 must] 의사 / 의사다 / 분명히 의사일 거다 / 분명히 의사였을 거다

8. [숙제를 끝내다 finish my homework] 숙제를 끝낼 거다 / 숙제를 끝냈을 거다

9. [시험에서 부정행위를 하고있는 상태, 나는 긴장된다. Cheating on the test, I feel nervous.]
   시험에서 부정행위를 해서, 나는 벌 받았다(시험에서 부정행위를 한 상태를 가지고 있는 상태, 나 벌 받음), I was punished.

10. [힘든 hard, ~할 것이다 would] 힘들다 / 힘들 것이다 / 힘들지 않을 것이다 / 힘들지 않았을 것이다

[정답]

1. should give / should have given / should be given / should have been given

2. happy to work with you / happy to have worked with you

3. be working / happy to be working with you / happy to have been working with you

4. may be here / may have been here

5. Having slept well yesterday, now I feel good.

6. sad to leave his family / sad to have left his family

7. a doctor / be a doctor / must be a doctor / must have been a doctor

8. will finish my homework / will have finished my homework

9. Having cheated on the test, I was punished.

10. be hard / would be hard / would not be hard / would not have been hard

💬 기본문장 | 주어(는) + 서술(다) + (대상(을/를))

다음 한국어를 영어로 표현해보세요.

1. 우리는 사랑 받을 것이다. (love, will)

2. 그녀는 지금 자고 있다. (now, sleep)

3. 그는 어제 매우 피곤했다. (yesterday, tired)

4. 나는 작은 집 한 채를 살 계획이다. (small, house, buy, plan)

5. 나는 내일 그녀의 집을 방문할 것이다. (tomorrow, house, visit, will)

6. 나는 나의 숙제를 끝낸 상태다. (이제 다 함) (homework, finish)

7. 나의 부모님은 나에게 이야기 하나를 읽어주신다. (parents, a story, read)

8. 그들은 분명 여기에 계속 있었을 것이다. (must, here)

9. 그는 숙제를 끝냈어야 한다. (homework, finish, should)

10. 그녀는 아파보인다. (sick, seem)

11. 그녀는 아팠던 것처럼 보인다. (sick, seem)

12. 그 건물은 지어진 상태다. (building, build)

13. 나는 내일 그에게 이 책을 줄 것이다. (tomorrow, this book, give)

14. 나는 그녀에게 과자 하나를 사줬다. (a cookie, buy)

15. 그들은 나에게 나의 전화번호를 물었다. (my phone number, ask)

[정답]

1. We will be loved.

2. She is sleeping now.

3. He was very tired yesterday.

4. I plan to buy a small house.

5. I will visit her house tomorrow.

6. I have finished my homework.

7. My parents read me a story.

8. They must have been here.

9. He should have finished his homework.

10. She seems to be sick.

11. She seems to have been sick.

12. This building has been built

13. I will give him a book tomorrow.

14. I bought her a cookie.

15. They asked me my phone number.

🗨 문장 보충하기 1 | 기본문장+단어보충 | 대상의 상태

다음 한국어를 영어로 표현해보세요.

1. 나는 그녀를 'Susan'이라고 이름 지었다. (name)

2. 나는 너를 내 가장 좋은 친구로 생각한다. (best, friend, think)

3. 나는 네가 학교에 있는 걸 봤어. (at school, see)

4. 그들은 그들의 딸을 변호사로 만들었다. (daughter, a lawyer, make)

5. 그녀는 나를 천재라고 불렀다. (genius, call)

6. 나는 네가 여기 있는 게 좋아. (here, like)

7. 나의 엄마는 내 침대를 깨끗하게 만들었다. (bed, clean, make)

8. 나는 내 집이 흔들리고 있는 걸 느꼈다. (house, shaking, feel)

9. 나를 그냥 'Mike'라고 불러. (just, Mike, call)

10. 나는 그녀의 이름이 불리는 걸 들었다. (name, called, hear)

11. 그녀의 엄마는 그녀를 치과의사로 만들었다. (a dentist, make)

12. 그는 나를 아기고양이라고 부른다. (kitty, call)

[정답]

1. I named her 'Susan'.

2. I think you my best friend.

3. I saw you at school.

4. They made their daughter a lawyer.

5. She called me genius.

6. I like you here.

7. My mom made my bed clean.

8. I felt my house shaking.

9. Just call me 'Mike'.

10. I heard her name called.

11. Her mom made her a dentist.

12. He calls me kitty.

🗨 문장 보충하기 2 | 기본문장+연결보충 | to/전치사/접속사

다음 한국어를 영어로 표현해보세요.

1. 그는 그의 신부를 위해 무언가를 만들고 싶어한다.

   (his bride, for, something, make, want)

2. 나는 공부하러 학교에 간다. (study, school, go)

3. 나는 네가 피자를 좋아한다는 걸 안다. (pizza, like, know)

4. 나는 너에게 줄 사과 2개를 가지고 있다. (give, apple, have)

5. 나는 네가 좋아하는 음식을 안다. (like, food, know)

6. 우리 엄마는 나의 여동생에게 줄 선물을 사러 백화점에 가셨다.

   (my mom, my sister, give, a gift, buy, the department store, go)

7. 나는 네가 어젯밤에 본 그 여자를 좋아한다.

   (last night, see, the woman, like)

8. 그녀는 그를 보러 매일 그 카페에 간다. (see, everyday, the café, go)

9. 이것은 내가 어제 심은 나무다. (this, yesterday, plant, tree)

10. 나는 건강해지려고 매일 물을 마신다. (healthy, everyday, water, drink)

11. 우리 엄마는 내가 주말마다 밖에서 놀지 않기를 원하신다.

    (my mom, every weekend, outside, play, want)

12. 나는 당신이 저의 가장 좋은 선생님이라고 확신한다.

    (my best teacher, sure 확신하는)

[정답]

1. He wants to make something for his bride.

2. I go to school to study.

3. I know that you like pizza.

   (that 뒤에 주어가 나오면 that을 말하지 않아도 된다)

4. I have two apples to give you.

5. I know the food (that) you like.

   (that 뒤에 주어가 나오면 that을 말하지 않아도 된다)

6. My mom went to the department store to buy a gift to give my sister.

7. I like the woman (that) you saw last night.

   (that 뒤에 주어가 나오면 that을 말하지 않아도 된다)

8. She goes to the café everyday to see him.

9. This is the tree (that) I planted yesterday.

10. I drink water everyday to be healthy.

11. My mom wants me not to play outside every weekend.

12. I am sure (that) you are my best teacher.

문장 보충하기 3 | 기본문장+변형보충 | 동사ing/동사ed

다음 한국어를 영어로 표현해보세요.

1. Susie를 기다리면서(기다리고 있는 상태), David는 교통사고를 봤다. (wait for, traffic accident, see)
2. Susie를 기다리는 David는 교통사고를 봤다.
3. 나에 의해 만들어져서(만들어진 상태), 이 의자는 튼튼하다. (by, make, this chair, strong)
4. 나에 의해 만들어진 이 의자는 튼튼하다.
5. 그 안 좋은 소식을 들어서(듣는 상태), 나는 매우 실망했다. (the bad news, hear, very, disappointed)
6. 너무 가난해서, 그는 학교를 다닐 수 없었다. (very poor, go to school)
7. 그녀는 눈이 감긴 채로 의자에 앉아 있었다. (with, eyes, close, chair, sit)
8. 그들에게 웃으면서(웃고 있는 상태), Sandra는 말했다, "곧 돌아올게."
   (smile, at, say, soon, come back)
9. 매일 아침에 물 한 잔 마시는 건 네 건강에 좋다. (every morning, water, a cup, drink, for, your health, good)
10. 나는 사람들 앞에서 노래 부르는 걸 즐긴다. (people, in front of, sing, enjoy)
11. 우리 엄마는 내가 내 방에서 영어 공부하는 걸 보는 걸 좋아하신다.
    (my mom, in my room, study English, watch, like)
12. 이 문제를 풀고 있어서 (풀고 있는 상태), 나는 너에게 대답할 수 없어.
    (this problem, solve, answer you)
13. 이 문제를 풀어 봤으니까(풀어본 상태), 나는 너에게 이 문제(그것)를 설명 해줄 수 있다. (this problem, solve, explain)

[정답]

1. Waiting for Susie, David saw a traffic accident.

2. David waiting for Susie saw a traffic accident.

3. Made by me, this chair is strong.

4. This chair made by me is strong.

5. Hearing the bad news, I was very disappointed.

6. (Being) very poor, he could not go to school. (be very poor 가난하다 / being very poor 가난한 = very poor)

7. She sat on the chair with her eyes closed.

8. Smiling at them, Sandra said, "I will come back soon."

9. Drinking a cup of water every morning is good for your health.

10. I enjoy singing in front of people.

11. My mom likes watching me studying English in my room.

12. Solving this problem, I can't answer you.

13. Having solved this problem, I can explain it to you.

ⓟ 질문하기 | ~니?

다음 한국어를 영어로 표현해보세요.

1. 너는 매주 토요일마다 그를 방문하니? / 너는 내일 그를 방문할 거니?

   (every Saturday, visit, tomorrow)

2. 너는 매일 아침식사를 먹니? / 너는 지금 아침식사를 먹고 있니?

   (everyday, breakfast, eat, now)

3. 영어는 너에게 어려운 과목이니? / 영어는 너에게 어떤 과목이니?

   (English, difficult, subject)

4. 너의 비서는 매일 바쁘니? / 너의 비서는 매일 어떠니?

   (secretary, everyday, busy)

5. 너는 그녀의 이름을 알고 싶니? / 너는 무엇을 알고 싶니?

   (name, want, know)

6. 너는 네 숙제를 끝낸 상태니? / 너는 네 숙제를 언제 끝낼 거니?

   (homework, finish)

7. 네 친구는 내가 여전히 외롭다고 생각하니?

   (friend, still, lonely 외로운, think)

8. 너는 그녀를 언제 좋아하기 시작했니? / 너는 그녀를 왜 좋아하니?

   (like, start)

9. 너는 언제 나에게 영어를 가르칠 수 있니? (English, teach)

10. 너를 사랑하는 그 남자는 지금 일하고 있니? / 너를 사랑하는 그 남자는 지금 뭐하고 있니?

11. 누가 너를 설거지 하도록 만들었니? (do the dishes, make)

12. 너는 여기 왜 있니? / 너는 어디에 있니? (here)

13. 너는 누구랑 놀고 있니? / 너는 누구랑 놀고 싶니? (play, with, want)

[정답]

1. Do you visit him every Saturday? / Will you visit him tomorrow?

2. Do you eat breakfast everyday? / Are you eating breakfast now?

3. Is English a difficult subject to you? / What kind of subject is English to you?

4. Is your secretary busy everyday? / How is your secretary everyday?

5. Do you want to know her name? / What do you want to know?

6. Have you finished your homework? / When will you finish your homework?

7. Does your friend think that I am still lonely?

8. When did you start to like her? / Why do you like her?

9. When can you teach me English?

10. Is the man that loves you working now? / What is the man that loves you doing?

11. Who made you do the dishes? (make, have, let은 동사 연결할 때 'to'를 쓰지 않는다는 것을 기억하자.)

12. Why are you here? / Where are you?

13. Who(m) are you playing with? / Who(m) do you want to play with?

    (사람 의문사가 대상이면 'whom'을 써도 된다)

    With whom are you playing? / With whom do you want to play?

    (명사 의문사가 전치사와 함께 쓸 때는 같은 의미 덩어리 의문사로 쓸 수 있다.)

    (사람 의문사가 전치사와 함께 쓸 때는 'who'가 아니라 'whom'을 쓴다!)

🗨 의문사로 문장 연결하기 | 문장으로 표현해야 하는 말

다음 한국어를 영어로 표현해보세요.

1. 나는 A를 알고 싶다. / 내가 알고 싶은 것 (know, want)

2. 내가 알고 싶은 것은 네가 내일 공부할 장소(어디에서 공부할지)야.
   (tomorrow, study)

3. 이것이 내가 이 문제를 푼 방법(어떻게 풀었는지)이야.
   (this, this problem, solve)

4. 그가 A를 만나고 싶다. / 그가 만나고 싶어하는 사람 (meet, want)

5. 그가 뵙고 싶어하는 분이 우리 아버지셔. (my father)

6. 그들은 그들이 어떻게 서로 만났는지(방법)을 나에게 말해주었어.
   (meet, each other, tell)

7. 나는 언제 그 파티가 시작되는지(때)를 알고 싶어. (party, start, know, want)

8. 이 사진은 네가 어디에서 태어났는지(장소)를 보여준다.
   (this picture, born 태어난, show)

9. 그가 어제 그린 것은 그녀의 모자였어. (yesterday, draw, hat)

10. 나의 아버지는 나에게 피아노 연주하는 법(어떻게 연주하는지)을 가르쳐 주
    셨어. (my father, play the piano, teach)

11. 나는 네 생일이 언제인지 몰라 그래서 알고 싶어. (birthday, know, want)

12. 나는 어제 네가 어땠는지 몰라 그러니 나에게 솔직하게 얘기해줘.
    (yesterday, know, honestly, tell)

13. 그는 A살이다. / 그가 몇 살인지 맞춰봐. (A years old, guess)

14. 우리 집에 내가 얼마나 많은 책을 가지고 있는지 맞춰봐.
    (my house, book, have, guess)

[정답]

1. I want to know A. / What I want to know

2. What I want to know is where you will study tomorrow.

3. This is how I solved this problem.

4. He wants to meet A. / Who(m) he wants to meet (사람 의문사가 대상이면 whom을 써도 좋다)

5. Who(m) he wants to meet is my father.

6. They told me how they met each other.

7. I want to know when the party starts.

8. This picture shows where you were born.

9. What he drew yesterday was her hat.

10. My father taught me how to play the piano. (의문사 뒤에 'to'로 바로 동사연결을 할 수 있다!)

11. I don't know when your birthday is so I want to know.

12. I don't know how you were yesterday so tell me honestly.

13. He is A years old. / Guess how old he is.

14. Guess how many books I have in my house.

💬 가정하기 | '사실은 그렇지 않은데 ~면'

다음 한국어를 영어로 표현해보세요.

1. 내가 만일 로또에 당첨되면, 너한테 집 사줄 텐데.

   (win the lottery, house, buy)

2. 내가 만일 로또에 당첨되었으면, 너한테 집 사줬을 텐데.

3. 내가 너라면, 거기 갈 텐데. (there, go)

4. 내가 그와 함께 있다면, 그를 도와줄 텐데. (with, help)

5. 내가 그와 함께 있었다면, 그를 도와줬을 텐데.

6. 내가 차가 있다면, 너와 강원도에 갈 수 있을 텐데. (have, car, go)

7. 내가 그 비행기를 놓치지 않았더라면, 지금쯤 유럽에 있을 텐데.

   (miss the flight, by now, Europe)

8. 네가 서둘렀다면, 그녀를 볼 수 있었을 텐데. (hurry, see)

9. 그녀가 부지런하면, 내가 그녀와 함께 일할 수 있을 텐데. (diligent 부지런한, work)

10. 네가 그 파티에 왔었더라면, 나를 볼 수 있었을 텐데. (party, come, see)

11. 네가 열심히 공부했다면, 영어를 유창하게 말할 수 있을 텐데.

    (hard, study, English, fluently, speak)

12. 내가 건강하다면, 그에게 달려 갈 텐데. (healthy 건강한, run)

[정답]

1. If I won the lottery, I would buy you a house.

2. If I had won the lottery I would have bought you a house.

3. If I were(was) you, I would go there.

4. If I were(was) with him, I would help him.

5. If I had been with him, I would have helped him.

6. If I had my car, I could go to '강원도' with you.

7. If I had not missed the flight, I would be in Europe by now.

8. If you had hurried, you could have seen her.

9. If she was diligent, I could work with her.

10. If you had come to the party, you could have seen me.

11. If you had studied hard, you could speak English fluently.

12. If I were(was) healthy, I would run to him.

기타문장 | 해라, 하자, 대박, -있다

다음 한국어를 영어로 표현해보세요.

1. 왜 늦었는지 나한테 말해. (late 늦은, tell)

2. 그가 그녀를 좋아한다는 걸 절대 그녀에게 얘기하지 마. (like, never, tell)

3. 나한테 이 문제를 어떻게 풀었는지 설명해줘. (this problem, solve, explain)

4. 그가 영어로 편지를 쓰도록 도와주자. (English, letter, write, help)

5. 그녀에게 늦지 말라고 경고하지 말자. (late, warn)

6. 네 남편이 설거지 하도록 하자. (husband, do the dishes, make)

7. 그 휴대전화기 정말 비싸네! (cell phone, expensive)

8. 너는 정말 운이 좋아! (lucky 운이 좋은)

9. 그는 정말 인기 있는 선생님이구나! (popular, teacher)

10. 그녀는 정말 예쁜 눈을 가지고 있구나! (beautiful, eyes, have)

11. 네 차 정말 멋지다! (car, nice)

12. 네 책상에 내 열쇠가 있어. (desk, on, key)

13. 그 주차창에 내 차가 주차되어 있어. (parking lot, at, car, park)

[정답]

1. Tell me why you are late.

2. Never tell her that he likes her.

3. Explain to me how you solve this problem.

4. Let's help him (to) write a letter in English. (help는 동사연결 'to'를 생략해도 된다.)

5. Let's not warn her not to be late. (동사연결 'to'의 부정은 'not to'라는 걸 기억하자.)

6. Let's make your husband do the dishes.

7. How expensive the cell phone is! / What an expensive cell phone it is!

8. How lucky you are!

9. What a popular teacher he is!

10. What beautiful eyes she has!

11. How nice your car is! / What a nice car you have!

12. There is my key on your desk.

13. There is my car parked at the parking lot.

추가 참고자료

1. 동사ed의 불규칙

-한다	-했다	'당하는/한' 상태
(A - A - A) 변화형		
cast 던지다	cast	cast
cost 비용이 들다	cost	cost
cut 자르다	cut	cut
hit 치다	hit	hit
hurt 상처 내다	hurt	hurt
let -하게 하다	let	let
put 놓다	put	put
set 설치하다	set	set
shut 닫다	shut	shut
spread 펴다	spread	spread
read 읽다 (뤼~ㄷ)	read (뤠~ㄷ)	read (뤠~ㄷ)
broadcast 방송하다	broadcast	broadcast
beat 때리다	beat	beaten
(A - B - B) 변화형		
awake 깨우다	awoke	awoke
build 짓다	built	built
bring 가져오다	brought	brought

bend 구부리다	bent	bent
buy 사다	bought	bought
bind 묶다	bound	bound
bleed 피를 흘리다	bled	bled
burn 태우다	burnt	burnt
catch 잡다	caught	caught
creep 기다	crept	crept
dig 파다	dug	dug
deal 다루다	dealt	dealt
feel 느끼다	felt	felt
fight 싸우다	fought	fought
feed 먹이를 주다	fed	fed
find 찾다	found	found
flee 달아나다	fled	fled
get 얻다	got	got
grind 갈다	ground	ground
hang 매달다	hung	hung
have, has 가지다	had	had
hear 듣다	heard	heard
hold 잡다	held	held

-한다	-했다	'당하는/한' 상태
(A - B - B) 변화형		
keep 지키다	kept	kept
lead 이끌다	led	led
lay 놓다, 낳다	laid	laid
lend 빌려주다	lent	lent
leave 떠나다	left	left
lose 잃다, 지다	lost	lost
light 불을 켜다	lit	lit
mean 의미하다	meant	meant
meet 만나다	met	met
make 만들다	made	made
pay 지불하다	paid	paid
say 말하다	said	said
sell 팔다	sold	sold
send 보내다	sent	sent
spend 쓰다	spent	spent
smell 냄새맡다	smelt	smelt
seek 찾다	sought	sought
sleep 자다	slept	slept

shine 빛나다	shone	shone
sit 앉다	sat	sat
stand 서다	stood	stood
spin (실) 잣다	spun	spun
slide 미끄러지다	slid	slid
strike 치다	struck	struck
sweep 쓸다	swept	swept
shoot 쏘다	shot	shot
tell 말하다	told	told
teach 가르치다	taught	taught
think 생각하다	thought	thought
weep 울다	wept	wept
win 이기다	won	won
wind 감다	wound	wound
(A - B - C) 변화형		
arise 일어나다	arose	arisen
bear 낳다	bore	born(e)
bite 물다	bit	bitten
break 깨뜨리다	broke	broken
be (am, is, are) 존재하다	was / were	been

-한다	-했다	'당하는/한' 상태
(A - B - C) 변화형		
blow 불다	blew	blown
begin 시작하다	began	begun
choose 선택하다	chose	chosen
do (does) 하다	did	done
drive 운전하다, 이끌다	drove	driven
draw 그리다, 끌다	drew	drawn
drink 마시다	drank	drunk
eat 먹다	ate	eaten
fall 떨어지다	fell	fallen
forget 까먹다	forgot	forgot(ten)
freeze 얼다	froze	frozen
fly 날다	flew	flown
go 가다	went	gone
give 주다	gave	given
grow 자라다, 키우다	grew	grown
hide 숨다	hid	hidden
know 알다	knew	known
lie 눕다	lay	lain

ride 타다	rode	ridden
rise 올라가다	rose	risen
ring 울리다	rang	rung
see 보다	saw	seen
sow 씨뿌리다	sowed	sown
show 보여주다	showed	shown
shake 흔들다	shook	shaken
speak 말하다	spoke	spoken
steal 훔치다	stole	stolen
sing 노래하다	sang	sung
sink 가라앉다	sank	sunk
swim 수영하다	swam	swum
spring 튕기다	sprang	sprung
swear 맹세하다	swore	sworn
take (~를) 취하다	took	taken
tear 찢다	tore	torn
throw 던지다	threw	thrown
write 쓰다	wrote	written
wear 입다	wore	worn
weave 짜다	wove	woven

-한다	-했다	'당하는/한' 상태
(A - B - A) 변화형		
come 오다	came	come
become 되다	became	become
run 달리다	ran	run
기타 변화형		
dwell 거주하다	dwelt(dwelled)	dwelt(dwelled)
forbid 금지하다	forbade	forbidden
forecast 예상하다	forecast(ed)	forecast(ed)
lie 거짓말하다	lied	lied
quit 그만두다	quit(ted)	quit(ted)
spill (액체를) 엎지르다	spilt(spilled)	spilt(spilled)
stick 찌르다	stuck	stuck
thrust 밀다	thrust	thrust
upset 전복시키다	upset	upset
sting 찌르다	stung	stung
must 해야 한다	had to	-
can -할 수 있다	could	-
will -할 거다	would	-
may -할지도 모른다	might	-

1. 필수 조동사

1. 한 단어 조동사 2. 덩어리 조동사

must	해야 한다(주관적)	have to(조x)	해야 한다(객관적)
	~임이 틀림없다	ought to	
can	~할 수 있다(가능)	be able to(조x)	~할 수 있다(능력)
cannot	~일 리가 없다	cannot 동사 too 형/부	아무리 동사+형/부 해도 지나치지 않다
could	~할 수 있었다	have yet to	아직 ~하지 않았다
	할 수 있을 텐데 (약한 can)	be going to(조x)	~할 거다(예정된 일)
will	~할 것이다(의지)	would like to	~하고 싶다
would	과거시점에서의 will	would rather (than)	차라리 ~하는게 낫겠다
	할 건데, 하고자 한다 (약한 will)	used to	~하곤 했다(지금X, 상태O)
	~하곤 했다 (지금?, 상태X)	had better	~하는 게 좋겠다
should	~해야 한다(조언)	ought to	~해야 한다, ~일 거다
	(내생각에) 분명 ~일 거다	may well	~하는 것은 당연하다
may	~일지도 모른다	may as well (as)	~하는 것이 낫겠다
	~해도 좋다	might as well (as)	~하는 것이 낫겠다
might	~일지도 모른다 (약한 may)	need not	~할 필요가 없다
need not	~할 필요가 없다		

* 할 수 있을 거야
~~will can~~ (×) 조동사+조동사 (×) , will be able to (○) 조동사+동사 (○)

3. 필수 전치사

하나도 빠짐없이 다 읽어보고, 전치사 단어의 개념을 익히고 느껴보자!

on	접촉 계속의 전치사	in	울타리 전치사
an apple on the table 사과 [접촉] 테이블 = 테이블 위의 사과		in the pool [울타리] 수영장 = 수영장 안	
the wheel on the car 바퀴 [접촉] 차 = 차바퀴		the man in a hat 남자 [울타리] 모자 = 모자 쓴 남자	
put on 놓다 [몸에 접촉] = 입다		in love = [울타리] 사랑 = 사랑에 빠진	

for	가치/대가/교환의 전치사	with	조화/함께의 전치사
ticket for Busan 티켓 [가치/대가/교환] 부산 = 부산행 티켓		A with B = A와 B가 서로 잘 어울리는 관계	
money for the diamond 돈 [가치/대가/교환] 다이아 = 다이아 살 돈		write with a pen 쓴다 [조화/함께] 펜 = 펜을 가지고 쓴다	
look for 본다 [가치/대가/교환] = 찾다		move with care 옮기다 [조화/함께] 조심 = 조심해서 옮기다	

of	부모/자식 전치사	to	방향과 도착의 전치사
the leg of the chair 다리 [부모] 의자 = 의자다리		5 minutes to 6 5분 [도착] 6시 = 6시 되기 5분전(5:55)	
the cash of the bank 돈 [부모] 은행 = 은행 소유의 돈		trip to China 여행 [방향/도착] 중국 = 중국으로의 여행	
the city of New York 도시 [자식] 뉴욕 = 뉴욕이라는 도시		turn to the right 돌아라 [방향] 오른쪽 = 오른쪽으로 돌아라	

by	힘/영향력의 전치사	about	주변머리 전치사

by	힘/영향력의 전치사

A by B
= B의 힘/영향력이 A에 미치는 관계

sit by me
앉아 [영향력] 나 = 내 옆에 앉아

come back by noon
돌아와라 [영향력] 정오
= 정오까지 와라

be hit by him
맞는다 [힘] 그 = 그에게 맞는다

about	주변머리 전치사

주변머리 : 정확히 그 지점이 아니라,
그 주변에 여기저기 흩어져 있는 모습

talk about business
얘기하다 [주변머리] 사업
= 사업에 대해 얘기하다

walk about 4 miles
걷다 [주변머리] 4마일
= 대략 4마일 걷다

at	콕 찝어! 전치사

I am in the hospital
= 병원에서 진료를 받는
나는 존재한다 [울타리] 병원

I am at the hospital
= 병원인 장소에 있는
나는 존재한다 [콕 찝어] 병원

at that time
[콕 찝어] 그 시간
= 그 시간에, 그 때

from	뿌리와 근원 전치사

begin from here
시작하다 [뿌리근원] 여기
= 여기에서 시작하다

fall from the sky
떨어지다 [뿌리근원] 하늘
= 하늘에서 떨어지다

travel from Seoul to New York
여행하다 [뿌리] 서울 [방향] 뉴욕
= 서울~뉴욕

around	둥글게 주변머리 전치사

sit around the table
앉다 [둥글게 주변] 테이블
= 테이블 주위에 앉다

travel around the world
여행하다 [둥글게 주변] 세상
= 세계주위를 여행하다

over	넘어 전치사

smoke over the factory
연기 [넘어] 공장
= 공장을 뒤덮은 연기

the moon over the roof
달 [넘어] 지붕
= 지붕 위의 달

beyond	저 멀리 넘어 전치사	under	그늘 아래(영향) 전치사

over his power
[넘어] 그의 힘 = 그의 힘에 압도당하는

beyond his power
[멀리 넘어] 그의 힘
= 그의 힘이 너무 멀리 있어서 내 힘이
못 미침
= 그의 힘에 미치지 못하는

under
= 그늘 아래에서 영향을 받고 있는

a house under the rock
집 [그늘/영향] 바위
= 바위 아래쪽에 있는 집

under control
[그늘/영향] 통제
= 통제 아래 under age [그늘 아래] 나이
= 미성년의

up down	위로 끝까지 전치사 아래로 전치사	above below	위 공간 전치사 아래 공간 전치사

bring up
= 이끌다 [끝까지] = 키우다

look up to
= 보다 [위로] [방향] = 존경하다

look down on
보다 [아래로] [접촉/연결] = 깔보다

the moon above us
달 [위 공간] 우리 = 우리 위에 있는 달

sell it below the cost
그걸 팔다 [아래 공간] 가격 = 싸게 팔다

after	쫓아가기 전치사	before	이전 전치사

run after a deer
달리다 [쫓아] 사슴
= 사슴을 쫓아가다

time after time
시간 [쫓아] 시간 = 계속해서

name after him
이름짓다 [쫓아] 그
= 그를 따라 이름짓다

put it before the shop
그걸 놓다 [이전] 가게
= 가게 앞에 그걸 놓다

quantity before quality
양 [이전] 질 = 질보다 양

come before me
오다 [이전] 나
= 내 앞으로 오다

ahead of	앞 전치사	behind	뒤 전치사
walk ahead of him 걷다 [앞] 그 = 그보다 앞서 걷다 ahead of time = [앞] 시간 = 미리		behind the tree = 그 나무 뒤에 look behind youth 보다 [뒤] 젊은 시절 = 젊은 시절을 회고하다	
through		along	
work through the night 일하다 [끝까지 뚫어] 밤 = 밤새 일하다 get through the exam 이동하다 [끝까지 뚫어] 시험 = 시험 합격하다		walk along with him 달리다 [나란히] [함께] 그 = 그와 나란히 걷다 get along 이동하다 [나란히] = 사이좋게 지내다	
across		as	= 전치사
run across the road 달리다 [가로질러] 도로 = 도로를 가로질러 뛰다 build it across the river 짓다 [가로질러] 강 = 강을 가로질러 짓다		use scissors as a knife 써라 가위를 [=] 칼 = 가위를 칼처럼 써라 treat him as a guest 대해라 그를 [=] 손님 = 그를 손님으로 대해라	
out		off	단절/분리 전치사
out of Seoul [밖으로] 서울의 = 서울에서 벗어난 out of order [밖으로] (정해진) 순서의 = 고장난		break off from the door 부서지다 [단절] [근원] 문 = 문에서 부셔저 떨어져 나가다 get on 타다 / get off 내리다	

against		between	

against
= 반대방향으로 작용하는 = 저항하는

the condition against me
조건 [반대방향/저항] 나
= 나에게 불리한 조건

between Seoul and Busan
서울에서 부산 사이

between Monday and Friday
월요일에서 금요일 사이

among		throughout	through+out

the child among the family
아이 [여럿사이] 가족
= 가족에 둘러싸여 있는 아이

처음부터 끝까지 통과해서
밖으로 나오다
=through의 강조 수준으로
이해하면 된다!

into / onto	→in / →on	upon / within	on 비슷 / in 강조

run into the shop
달리다 [방향][안] 가게
= 가게 안으로 달려들다

within 2 hours
= [함께][울타리] 2시간
= 2시간 이내에 반드시

in 2 hours
= [울타리] 2시간 = 2시간 넘지 않고

4. 필수 접속사

1. 시간 접속사

When	주어가 동사할 때	Whenever	주어가 동사할 때마다
As	주어가 동사할 때	As soon as	주어가 동사하자마자
While	주어가 동사하는 동안 주어가 동사하는 반면에	As long as	주어가 동사하는 한 주어가 동사하는 동안
Since	주어가 동사한 이래로	Every time	주어가 동사할 때마다
Until/Till	주어가 동사할 때까지	Each time	
After	주어가 동사한 후에	The moment	주어가 동사하는 순간 주어가 동사하자마자
Before	주어가 동사하기 전에	Instant	
Once	일단 주어가 동사하면	Minute	
By the time	주어가 동사할 때 즈음에	The next time	다음번에 주어가 동사할 때

* 시간 접속사 뒤 문장에는 미래시제 'will'을 절대 못쓴다. 대신 현재시제로!

2. 이유 접속사

Because	주어가 동사하기 때문에	Now (that)	이제 주어가 동사하니까
Since	주어가 동사하기 때문에	As	주어가 동사하기 때문에
In that	주어가 동사하는 점에서, 주어가 동사하니까		

3. 조건 접속사

If	만일 주어가 동사하면	Provided/ Providing	만일 주어가 동사하면
Unless	주어가 동사하지 않으면	Suppose/ Supposing	만일 주어가 동사하면
In case	만일 주어가 동사하는 경우에, 주어가 동사하는 경우에 대비해	On condition	만일 주어가 동사하면, 주어 가 동사하는 조건에서

4. 양보 접속사

Although/Though/Even though	비록 주어가 동사하더라도
Even if	설령 주어가 동사하더라도
While	주어가 동사하지만(반면에)
Whether ~ or ~	~든 ~든 간에(상관없이)
Whoever = No matter who	누가 동사할지라도
Whomever = No matter whom	누구를/누구에게 주어가 동사할지라도
Whatever = No matter what	뭐가/무슨(명사)가 동사할지라도 뭐를 주어가 동사할지라도
Whichever = No matter which	어느것이/어느(명사)가 동사할지라도 어느것을 주어가 동사할지라도
Wherever = No matter where	어디에/어디로 주어가 동사할지라도 주어가 동사하는 곳마다(어디든지)
Whenever = No matter when	언제 주어가 동사할지라도 주어가 동사할 땐 언제든지(할 때마다)
However 형부 = No matter how 형부	아무리 형/부 주어가 동사할지라도

5. 기타 접속사

so that 주어 동사	주어가 동사하기 위해서
in order that 주어 동사	주어가 동사하도록
so as to 동사	동사하도록, 동사하기 위해서
in order to 동사	
lest 주어 동사	주어가 동사하지 않도록
so 형/부 that 주어 동사	너무 형/부 해서 주어가 동사한다
such 형+명 that 주어 동사	너무 형용사한 명사여서 주어가 동사한다
so (that) 주어 동사	그래서 주어가 동사한다

2시간 영문법

초판 1쇄 발행 2021년 3월 18일
초판 2쇄 발행 2024년 8월 20일

지은이 박지은

펴낸이 신민식
만든이 신지원

펴낸곳 도서출판 지식여행
출판등록 제 2010-000113호

주소 서울시 마포구 토정로 222 한국출판콘텐츠센터 419호
전화 02-333-1122
팩스 02-332-4111
이메일 editor@jisikyh.com
제작 한국학술정보㈜

ISBN 978-89-6109-520-4 (13740)
정가 16,000원